KAPLANKAYA CLUB HOUSE

CARLOS & BORJA FERRATER

OAB
Office of Architecture
in Barcelona

Prologue

Located in a unique enclave on the Turkish coast - one currently quite hard to access as it is reached via forest tracks, sea or air – Kaplankaya is untouched, yet unfailingly linked to a history and tradition dating back to over 2,500 years. Kaplankaya is very close to the ancient cities of Ephesus, Miletus and Halicarnassus (the site of modern Bodrum).

This book aims to provide an overview of the genesis of the initial ideas, the design process and the final result of the Clubhouse. This work is unique, not only due to its location but also due to the vision of its owners and their company Capital Partners.

Nine years have past since we met the client, when visiting our studio in Barcelona for the very first time and explaining the idea of creating a new concept of homes and hotels by the sea, a way of understanding tourism, or better said understanding rest; one which is much more respectful and integrated into the landscape than what we have seen over recent years. But it was mainly the passion with which the owner described the place that made us understand the care and respect with which we would have to work. The Clubhouse would be the first building to be completed, a building which would become the operational base for the buildings to come, as well as becoming a place of leisure for its visitors.

Based on these premises, our imagination conceived a building which sought to become time-less and to a certain degree aimed at recreating a note of mysticism in relation to what would be built and the natural landscape. Thus we were aware from the very first moment that we couldn't opt for free forms which would easily go out of fashion. We needed to go back to thinking in an abstract manner, going back to pure geometric shapes where the structure represents the final shape while it facilitates flexibility in so far as the internal spatial distribution and resolves the needs for a heterogeneous and ever-changing schedule.

A great stone plinth extracted from the mountain itself and worked by master quarry workers from the region, elevates the building a few metres about the natural topography and imitates the manner in which ancient Greek temples were positioned along the Mediterranean, constructing the horizontal plane on which the building will rest. The plinth is built on the basis of stone walls, which also evokes the ancient Mediterranean Ottoman fortresses, enabling to limit the space occupied by man and emphasising the idea of an enclosure.

This quest for achieving simplicity lead us to focus our project on these two important decisions. It is the stone mined from this mountain that builds the platform which elevates the building above the ground, in order for it to stand above that which is merely earthly, thus, managing to establish a link with history's great temples. Finally, the building's roof is where we come across two pure shapes symbolising a gaze towards the cosmos, and the omnipresence amidst the landscape alike a beacon.

In the end, enabling us to verify the outcome of the work within this book was the glance of another architect and photographer, Joan Guillamat. Joan's work has managed to create photographs which capture the relationship between the built object, the scenery, light and outward appearance. Furthermore we really believe that Joan manages to transmit something slightly more intangible which we architects pursue, the idea that the building must remain over time and that at the end of the intervention, all will be prior and all will be new.

Carlos and Borja Ferrater

Prólogo

Kaplankaya es un lugar situado en un enclave único de la costa turca, actualmente de difícil acceso al que se llega por pistas forestales, por mar o por aire. Un lugar aparentemente virgen pero indefectiblemente ligado a la historia y a la tradición que se remonta atrás en el tiempo mas de 2.500 años. Muy cerca de las antiguas ciudades de Éfeso, Mileto y Halicarnaso (actual Bodrum).

Este libro pretende mostrar tanto la génesis de las primeras ideas, el proceso de diseño así como el resultado final del Clubhouse. Se trata de una obra singular, no solo por su ubicación, sino también por la visión de sus propietarios y su empresa Capital Partners.

Conocimos al cliente hace ahora más de 9 años cuando visitó nuestro estudio en Barcelona por primera vez y nos explicó su idea de crear un nuevo concepto de viviendas y hoteles junto al mar, una forma de entender el turismo, o mejor dicho el descanso, mucho más respetuosa e integrada con el paisaje de lo que se ha venido haciendo hasta ahora. Pero sobretodo fue la pasión en cómo el propietario nos describió el lugar la que nos hizo comprender el cuidado y respeto con el que debíamos trabajar. El Clubhouse sería el primer edificio en construirse, un edificio que sirve como base de operaciones para las siguientes obras a realizar, así como también un lugar para el ocio de sus visitantes.

Es así, a partir de estas premisas, como en nuestro imaginario se concibió un edificio que buscara la atemporalidad y en cierta manera se reprodujera un cierto misticismo en la relación de lo que iba a ser construido y el paisaje natural. Es por ello que fuimos conscientes desde el primer momento que no debíamos caer en el error de formas gratuitas que pudieran pasar fácilmente de moda. Había que volver a pensar en abstracto, volver a las geometrías puras donde la estructura constituye la forma final a la vez que facilita la flexibilidad en la distribución interna del espacio y da respuesta a las necesidades de un programa heterogéneo y cambiante.

Se construye un gran zócalo o plinto de piedra extraída de la misma montaña y construida por maestros canteros de la región, logrando así elevar el edificio unos metros por encima de la topografía natural imitando la forma en como se colocaban los antiguos templos griegos en el mediterráneo, construyendo el plano horizontal sobre el que se asienta el edificio. Este zócalo construido a base de muros de piedra evoca también las antiguas fortalezas otomanas del mediterráneo permitiendo delimitar el espacio ocupado por el hombre y acentuando la idea de recinto.

Es esta persecución por la simplicidad la que nos llevó a centrar nuestro proyecto en estas dos grandes decisiones. Es la propia piedra de la montaña la que construye la plataforma que despega al edificio del suelo, para elevarlo más allá de lo puramente terrenal, logrando así establecer un vínculo con los grandes templos de la historia. Por ultimo en la cubierta del edificio se erigen dos formas puras que simbolizan la mirada al cosmos, y la omnipresencia en el paisaje como idea de faro.

Finalmente es la mirada de otro arquitecto y fotógrafo, Joan Guillamat, la que nos permite comprobar en este libro el resultado final de la obra. El trabajo de Joan, logra captar con sus fotografías la relación que se establece entre el objeto construido, el paisaje, la luz y la materialidad. Pero no solo eso, si no que creemos que Joan logra transmitir algo más intangible que los arquitectos hemos perseguido, la idea de que el edificio deberá permanecer en el tiempo y que al final de la intervención todo será anterior y todo será nuevo.

Carlos y Borja Ferrater

Introduction

In the eastern Mediterranean, on the west coast of Turkey, near Bodrum, the former Halicarnassus, 135 m above sea level, longitude 27° 24' 30.63" E and latitude 37° 19' 14,46" N, there rises a promontory facing both sea and land. The idea to monumentalize the location was born after being faced with the question whether to build a monument at the top of the promontory.

The legacy of history, presence over time, fortresses, citadels, temples and monasteries construct the landscape of the Mediterranean. We have been present on many an occasion at happy encounters between architecture and landscape, place and territory.

A horizontal platform constructs a geometric partition in the terrain. Its slopes meet the ground, drawing a topographical outline, accommodating the immediate landscape in the building, the reflective pool facing the sea, and the small wood that gives refuge to the different accesses. On the platform, a huge slab floating above the shadow forms a porch which acts as an intermediary space accommodating activities that bring the inside and outside into relation with each other. In the square ground plan oriented along the north-south axis there prevails the concept of unity that characterizes the architecture of tradition. Reinforcing this idea is the large, eccentric, inner atrium; topped by large skylights and wrapped by continuous intercolumniation. This strengthens the underlying idea of a cloister.

Traveling across the Aegean, acceding from the sea, a little reception pedicel, a pathway that ascends, sinuous and accompanied by vegetation, leads us towards the top, from where we will be able to contemplate the views of Kaplankaya.

Introducción

Al este del Mediterráneo, en la costa oeste de Turquía, cerca de Bodrum, la antigua Halicarnaso, a 135 m sobre el nivel del mar, longitud 27° 24' 30,63" E y latitud 37° 19' 14,46" N, se alza un promontorio frente al mar y tierra. Ante la pregunta de si se debía construir un monumento en la cima del promontorio, surgió la idea de monumentalizar el emplazamiento.

El legado de la historia, la presencia en el tiempo, fortalezas, ciudadelas, templos y monasterios construyeron el paisaje del Mediterráneo. Hemos estado presentes en muchas ocasiones en afortunados encuentros entre arquitectura y paisaje, lugar y territorio.

Una plataforma horizontal crea una división geométrica en el terreno. Sus pendientes se unen con el suelo, describiendo un bosquejo topográfico, amoldando el paisaje inmediato al edificio, la brillante piscina frente al mar y el pequeño bosque que acoge los diferentes accesos. Encima de la plataforma una enorme plancha flotante sobre la sombra forma un porche que actúa como un espacio intermediario que acoge actividades que ponen en relación el interior y el exterior. En la planta cuadrada orientada a lo largo del eje norte-sur, persiste el concepto de unidad que caracteriza a la arquitectura tradicional. Esta idea resulta reforzada por el amplio y excéntrico atrio interior que, rematado por grandes lucernarios, está rodeado por un intercolumnio continuo. Esto refuerza la idea subyacente de un claustro.

Si viajamos a través del Egeo y subimos desde el mar, un pequeño pedículo de recepción, un camino que asciende, sinuoso y acompañado de vegetación, nos conduce hacia la parte superior, desde donde pueden apreciarse las vistas de Kaplankaya.

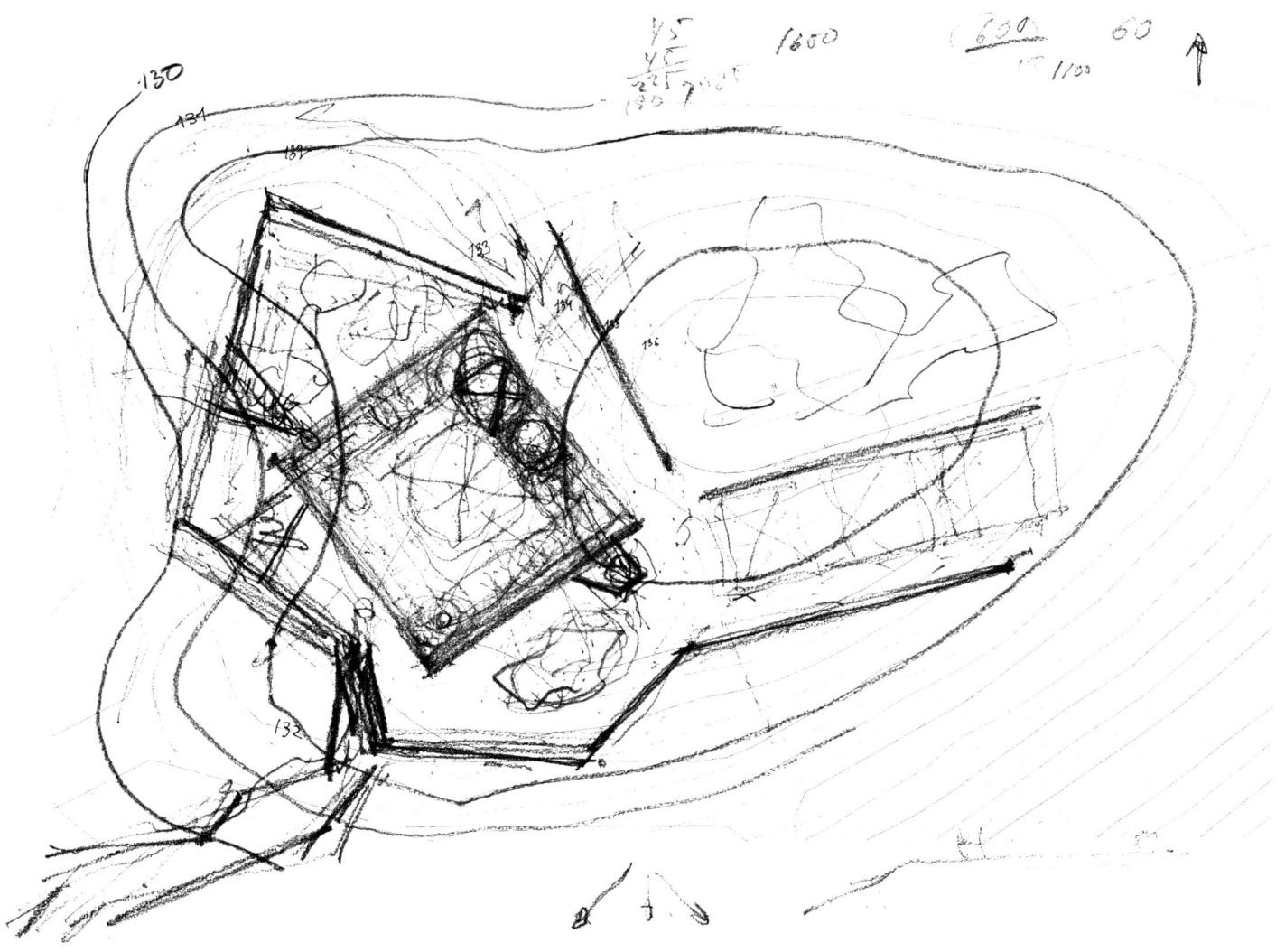

The sense of unity
By Nader Ardalan & Laleh Bakhtiar

In traditional architecture we can clearly observe the presence of certain immutable principles that have dominated civilization in both time and space.

The unitary point of view of tradition embraces not only architecture in its totality but all of the elements that together create an architectural form such as space, shape, light, color, and matter. The unitary point of view leaves nothing outside its scope and refuses to recognize a legitimate domain of the purely secular or profane in contrast with the scared. Whatever its use, it is seen in its traditional setting in the same light as the strictly "sacred" architecture. Cartesian philosophy was instrumental in quantifying space for man to such an extent as to obliterate, practically all memory of the qualitative space upon which all religious rites and orientation are based. In traditional architecture space is never divorced from form: it is not the materialization of abstract Euclidean space which then provides frame into which forms are "placed". Space is qualified by the forms that exist in it.

The relationship between space and the form that determines and qualifies this space is revealed in a striking way in the "positive" space. In modern western architecture, a house is placed within a space and the space is defined by the contours of the material forms that surround it. In much of traditional architecture, space is "cut out" from the material forms around it and is defined by the inner surfaces of these forms. It is the walls in the garden or the vaults and arches that determine the space within the traditional city or the house in which traditional man moves and lives. Orientation of space, its qualitative polarization, and the relation existing between space and form, which is the reverse of the relationship that is commonly believed in today, are essential elements of traditional architecture and a key to the understanding of its principles. The shapes used in architecture are inseparable from the traditional concept of mathematics, particularly geometry and geometric forms. The square from the classical courtyards and buildings is not just a square: it is also the symbol of stability and completion and also a reflection of the quadrangular temple of "paradise".

Traditional architecture, lays special emphasis upon light, both the symbolic one coming from above and the filtered one coming from different sides. And of course there's the element of matter itself. It is not for us to discuss the remarkable sensitivity of traditional architecture to matter, not only in respect of climatic conditions, economic circumstances, and others but also to the innate qualities of each type of material used.

We must underline the richness and possibilities that "matter" offers to the architect when he is not bound by the mind matter relationship which dominates so thoroughly the mental horizons of contemporary men. It is indeed a paradox that in this, the most materialistic period of human history, men have a less direct and intimate relation with "matter" than ever before. Matter today is either an abstract concept used in modern physics or an "it" produced by some machine generating a product with which man might not feel any relationship of a profound nature of the site and its inherited culture.

The intimate knowledge that existed in preindustrial societies for the artisan who worked and manipulated a piece of wood or stone or even metal and glass is for the most part gone. So, far away from a rhetorical superficial revival of traditional architecture I...I we must build the Kaplankaya Clubhouse within the context of its location, culture, climatic conditions and people's needs, all should be connected and represented through a "sense of unity".

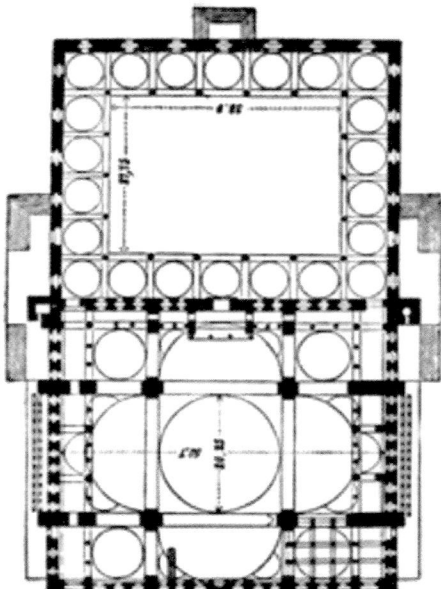

The Fatih Mosque (Mosque of Mehmet II, Mosque of Mehmet the Conqueror)
Mezquita de Fatih (Mezquita de Mohamed II, Mezquita de Mohamed el Conquistador)

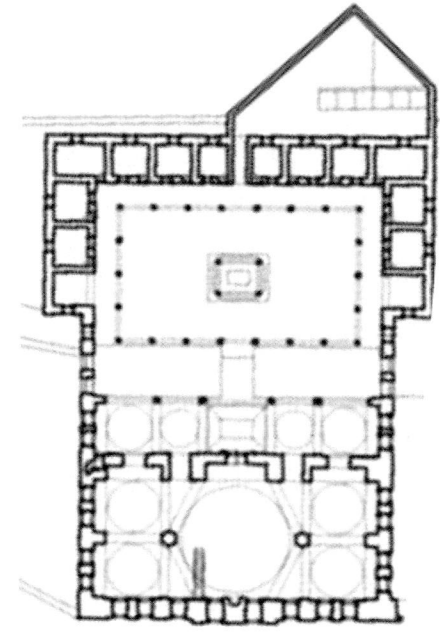

Sinan Pasa Mosque, Istanbul
Mezquita de Sinan Pasa, Estambul

Wall in Ketendere
Pared en Ketendere

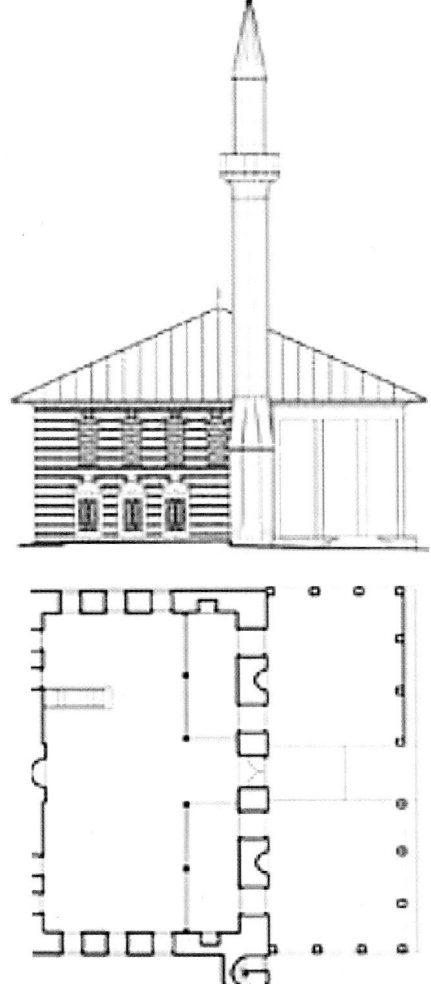

Odabasi Behruz Aga Mosque, Istambul
Mezquita de Odabasi Behruz Aga, Estambul

El sentido de unidad
Por Nader Ardalan & Laleh Bakhtiar

En la arquitectura tradicional puede observarse claramente la presencia de algunos principios inmutables que han dominado toda la civilización tanto en términos de tiempo como de espacio.

El punto de vista unitario de la tradición comprende no solo la arquitectura en su totalidad, sino los elementos que crean conjuntamente una forma arquitectónica, como el espacio, la forma, la luz, el color y la materia. El punto de vista unitario no deja nada fuera de su alcance y se niega a reconocer un dominio legítimo de lo puramente secular o profano en contraste con el atemorizado, cualquiera que sea su uso, que se aprecia en su ámbito tradicional bajo el mismo prisma que la arquitectura considerada estrictamente "sagrada".La filosofía cartesiana fue instrumental en lo relativo a la cuantificación del espacio para el ser humano hasta el punto de destruir prácticamente toda la memoria del espacio cualitativo en el que se basaban los ritos y orientaciones religiosas. En la arquitectura tradicional el espacio nunca se separaba de la forma: no es la materialización del abstracto espacio euclidiano el que proporciona el marco en el que se "colocan" después las formas. El espacio se cualifica por las formas que existen en el mismo.

La relación entre espacio y forma que determina y cualifica este espacio se revela de manera sorprendente en el espacio "positivo". En la arquitectura occidental moderna, una casa está situada en un espacio y el espacio se define por los contornos de las formas materiales que rodea. En gran parte de la arquitectura tradicional, el espacio es "sacado" de las formas materiales alrededor y definido por las superficies interiores de esas formas. Son las paredes del jardín o las bóvedas y arcos los que determinan el espacio en una ciudad tradicional o la casa en la que un hombre tradicional se mueve y vive. La orientación del espacio, su polarización cualitativa y la relación existente entre espacio y forma, que es el reverso de la relación comúnmente reconocida en la actualidad, son elementos esenciales de la arquitectura tradicional, así como la clave para entender sus principios. Las formas utilizadas en arquitectura son inseparables del concepto tradicional de las matemáticas, en particular la geometría y las formas geométricas. El cuadrado de los patios y edificios clásicos no es simplemente un cuadrado. Es asimismo un símbolo de estabilidad y terminación, y un reflejo del tiempo cuadrangular del "paraíso".

La arquitectura tradicional pone especial énfasis en la luz, tanto la simbólica que viene de arriba como la que se filtra que procede de diferentes partes. Y existe, por supuesto, el elemento de la propia materia. No nos corresponde discutir la considerable sensibilidad de la arquitectura tradicional respecto a la materia, solo respecto a las condiciones climáticas y circunstancias económicas, entre otras, sino asimismo las cualidades inherentes a cada tipo de material empleado.

Debemos destacar la riqueza y posibilidades que la "materia" ofrece al arquitecto cuando no está sometido a la relación mente-materia que domina tan a fondo los horizontes mentales de los seres humanos contemporáneos. De hecho, es una paradoja que en este periodo, el más materialista de la historia de la humanidad, los seres humanos tengan una relación menos directa e íntima con la "materia" como nunca antes. La materia es en la actualidad un concepto abstracto empleado en la física moderna o un "eso" producido por una máquina que genera un producto con el que el hombre podría no sentir ninguna relación de una naturaleza profunda respecto al sitio y su cultura heredada. El íntimo conocimiento que existía en las sociedades preindustriales por parte del artesano que trabajaba y manipulaba una pieza de madera, piedra o incluso metal y cristal se ha perdido en gran parte. Por eso, lejos de un renacimiento superficial retórico de la arquitectura tradicional [...] debemos construir Clubhouse Kaplankaya en el contexto de su ubicación, cultura, condiciones climáticas y necesidades humanas; todo ello debería conectarse y representarse a través de un "sentido de unidad".

Concepts

Orientation in Space

In structured space, man knows where he is; direction is meaningful to him. Reinforcing this universal order are the corporeal creations of the macrocosm and the microcosm, which exhibit strong directional characteristics. In this way space acquires a qualitative aspect. The order for the spheres and their movements through the six directions of north, south, east, west, up (zenith), and down (nadir) constitute a primary coordinate system within which all is situated. All traditional sciences share this common frame of reference and, because of this commonality, manifest an integration basic to all the creation of society.

The sense of Place

When order in cosmic space is achieved, the interpretive mind seeks regional order. This is most often attained through the interaction of man's cities with prominent sites, an interaction that creates a definite, regional sense of "place". The concept of place is composed of both the container and the contained. It does not have a tangible existence, but exists in the consciousness of the beholder who visually perceives physical boundaries while his intellect perceives the spirit contained and defined within the boundaries.

Outstanding examples of this space can be found in the plateau regions and the Turkish coast where fortresses, villages and even cities are situated on the apron of mountain ranges. These ranges act as macroscale walls defining a regional space. The new intervention constitutes the centripetal node within a regional space that often relates centrifugally to a geographic space of vaster dimensions. The effect of this regional "place" is often heightened by the judicious placement of point of reference within the landscape (Top of the hill).

Positive Space Continuity

Once the qualitative aspects of space are made apparent, their qualitative uses follow directly. Thus the positive and vital concept of space generates all architectural creations. This concept - that space, not shape, should lead in the generation of form - is central to an understanding of the architectural tradition. Foremost among the considerations that dictate the primary role of space climatic conditions the ones that make a courtyard architecture (or central hall) necessary for healthy existence.

There is an important sociological reinforcement for the centripetal organization of space and the usage of space. Finally, the elementary fact that man moves through unobstructed space rather than through solid mass is recognized in this architecture by its very dependence on a positive space continuity or any impediment to the flow of man. Man moves continuously in an undulating and expanding space that is forever united.

In the conception of "place" a central space is created by concealing it behind walls. These boundary conditions may in time become "usable" or "living" walls, containing secondary spaces that are dependent upon the primary space for their light, air and view. The circumstance of the encounter of space with the "boundary shapes" determine the particular architectural expression.

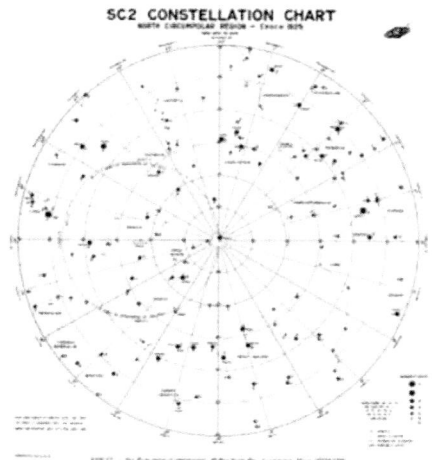

Constellation chart
Mapa de constelaciones

Citadel, Bilecik, Turkey
Ciudadela, Bilecik, Turquía

Conceptos

Orientación en el espacio

En un espacio estructurado, el ser humano sabe dónde está, la dirección es comprensible para él. Este orden universal está reforzado por las creaciones corpóreas del macrocosmos y el microcosmos, que ofrecen características direccionales fuertes. Así, el espacio adquiere un aspecto cualitativo. El orden de las esferas y sus movimientos a través de las seis direcciones de norte, sur, este, oeste, arriba (cénit) y abajo (nadir) constituye un sistema de coordenadas primario en el que todo tiene su lugar. Las ciencias tradicionales comparten este marco de referencia común y, gracias a este carácter común, manifiestan una integración básica respecto a la creación de la sociedad.

El sentido del lugar

Cuando se logra un orden en el espacio cósmico, la mente interpretativa busca un orden regional. Este se alcanza con mayor frecuencia a través de la interacción de las ciudades de los seres humanos con lugares destacados, una interacción que crea un sentido definido, regional del "lugar". El concepto de lugar está compuesto tanto por el continente como por el contenido. No posee una existencia tangible, sino que existe en la consciencia del observador que percibe visualmente límites físicos, mientras su intelecto percibe el espíritu de lo contenido, definido dentro de los límites.

Es posible encontrar ejemplos de este espacio en las regiones de la planicie y la costa turca, donde existen fortaleza, pueblos e incluso ciudades situadas en la plataforma de las cordilleras. Estas cordilleras actúan como muros a macroescala que definen un espacio regional. La nueva intervención constituye el nodo centrípeto dentro de un espacio regional que se relaciona a menudo de manera centrífuga con un espacio geográfico de dimensiones más amplias. El efecto de este "lugar" regional suele reforzarse por la colocación juiciosa de puntos de referencia en el paisaje (cima de la colina).

Continuidad espacial positiva

Una vez que los aspectos cualitativos del espacio se hacen evidentes, estos van seguidos directamente de sus usos cualitativos. Así, el concepto positivo y vital de espacio genera todas las creaciones arquitectónicas. Este concepto —el espacio y no la forma da lugar a la generación de la estructura— es crucial para entender la tradición arquitectónica. Entre las más importantes, las consideraciones que determinan el papel esencial de las condiciones climáticas del espacio, que hacen que la arquitectura de un patio o vestíbulo central resulte necesaria para una existencia saludable.

Existe un importante refuerzo sociológico de la organización centrípeta del espacio y del uso del espacio. Finalmente, el hecho elemental de que el ser humano se mueve a través de un espacio libre en lugar de a través de masas sólidas tiene su reconocimiento en esta arquitectura, por su propia dependencia de una continuidad espacial positiva o la inexistencia de impedimentos flujo de los seres humanos. Estos últimos se mueven continuamente en un espacio ondulante y en expansión que está unido para siempre.

En la concepción de "lugar" se crea un espacio central rodeándolo de paredes. Estas condiciones de delimitaciones pueden convertirse con el tiempo en paredes "útiles" o "habitables" que contengan espacios secundarios dependientes del espacio primario por su luz, aire y vista. La circunstancia del encuentro del espacio con "formas límite" determina la expresión arquitectónica particular.

Palace of the lions, The Alhambra, Granada, Spain

Palacio de los Leones de la Alhambra, Granada, España

Exterior view of the Chamber of Petitions (Arz Odasi) from inside the Third Court, looking west.

Vista exterior de la Sala de las Peticiones (Arz Odasi) desde dentro del tercer jardín que da al oeste.

Traditional forms

The Garden

However powerful its symbolism, the open garden is a supreme luxury that few can afford within the climate context. The idea of a garden located on top to complement the hot arid plateau of the hill, generates the discovery of a hidden garden when accessing from below.

The socle/Plinth

The socle or plinth recreates the idea of a revered and elevated temporal place that in an architectonic sense, manifests itself as the top of the "mountain". The universal acceptance of the mountain symbol is shown by its frequent appearance under various forms. The mountain symbol plays a vital role, to the extent that framing the mountain not only situates the great platform in space and provides its craved stone terraces and apadanas, but ultimately inspires its central architectural decoration. The concept of throne evokes similar connotations. The square throne representing the mountain and thus earth itself was covered by a dome representing the heavens. This tradition has been maintained down to the present peacock throne, which is essentially an elevated, platform or socle/plinth. The integration of this traditional form into culture is noteworthy in that the form's architectural emphasis was reduced while its symbolism as royal throne was maintained. This mountain symbol then remains within tradition to express a temporal place of honor. This place is manifested through the socle or the throne. Stepped pyramid design is a profound symbolic representation of this form.

The porch

The porch may be viewed architecturally as a space limited vertically by a roof and defined horizontally by points in space. Its degree of spatial containment is in direct proportion to the horizontal transparency of its defining surfaces. The concept of porch as transition and niche has had profound implications throughout history.

The gateway

Understood as a movement through defined space that occurs over certain length of time, a gateway is the beginning or the end of a journey. Regardless of scale, this fluid transfer of symbolic meaning is even extended to the "mouth" of a mountain pass, where bas reliefs announce the entrance into a distinct regional "place". Gateways themselves could be built as mouths of passes, creating recognizable points of arrival or departure of big dimensions for the traveller.

The Room

The room may be considered as a space dependent on a primary space (the exhibition hall) for its light, ventilation and interior views. The encounter of room with main space follows an axial linkage system composed of connection, transition and culmination. This spatial system is fundamental to the concept of positive space continuity epitomized by the nodal space from which dependent spaces grow. Also the room is where a specific atmosphere can be achieved, one more focused and intimate, relaxed and resting moments.

General view from northwest, showing madrasa before mosque

Vista general, desde el noroeste, de la madraza antes mezquita

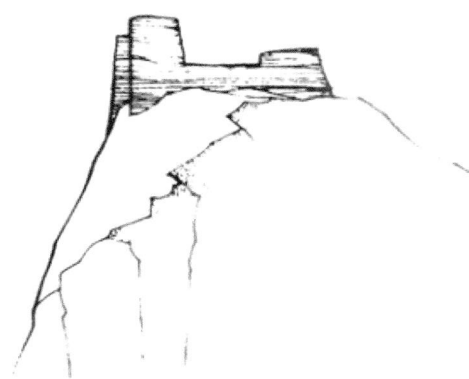

Conceptual sketch

Bosquejo conceptual

Rock and Castle, Van, Turkey

Roca y castillo, Van, Turquía

Turkish Fortress Dikti Crete

Fortaleza turca en los montes Dikti, Creta

Ishak Pasa Palace, Dogubayazit, Turkey
Palacio de Ishak Pasa, Dogubayazit, Turquía

Conceptual sketch
Bosquejo conceptual

Topkapi Palace, Turkey
Palacio de Topkapi, Turquía

Stairway
Escaleras

Formas tradicionales

El Jardín

El jardín abierto, por poderoso que sea su simbolismo, es un lujo supremo que pocos pueden permitirse debido al clima. La idea de jardín para complementar la planicie árida caliente del monte, así como su ubicación en la parte superior, hace que se descubra un jardín oculto cuando se accede desde la planta baja.

El zócalo/basamento

El zócalo o basamento recrea la idea de un lugar temporal, venerado y elevado que se mostrase en sentido arquitectónico como la cima de una "montaña". La aceptación universal del símbolo de la montaña se demuestra por su frecuente aparición en diversas formas. El símbolo de la montaña desempeña un papel vital ya que la estructuración de la montaña no solo sitúa la gran plataforma en el espacio y proporciona sus terrazas y apadanas de piedra tallada, sino que inspira además en última instancia su decoración arquitectónica central. El concepto de trono evoca connotaciones similares. El trono cuadrado que representa la montaña y, por lo tanto, la propia tierra, estaba cubierto por una cúpula que representa cielos. Esta tradición se ha mantenido hasta el presente trono de pavo real, que es esencialmente una plataforma elevada o zócalo/basamento. La integración de esta forma tradicional en la cultura es destacable ya que se redujo el énfasis de su forma arquitectónica, mientras que se mantuvo su simbolismo como trono real. Este símbolo de la montaña permanece después en la tradición para expresar un lugar de honor temporal. Este lugar se manifiesta a través del zócalo o el trono. Una profunda representación simbólica de esta configuración se dio en los diseños piramidales.

El porche

El porche puede observarse desde el punto de vista arquitectónico como un espacio limitado verticalmente por un techo y definido horizontalmente por puntos en el espacio. Su grado de delimitación espacial se encuentra en proporción directa con la transparencia horizontal de sus superficies definitorias. El concepto de porche como transición y nicho ha tenido profundas implicaciones a través de la historia.

La entrada

Entendida como un movimiento a través de un espacio definido que tiene lugar durante un cierto periodo de tiempo. Una puerta es el comienzo o el final de un viaje. Esta transferencia fluida de un significado simbólico, con independencia de su escala, se extiende incluso a la "boca" de un puerto de montaña, donde los bajorrelieves anuncian la entrada en un "lugar" regional diferente. Las propias puestas podrían construirse como bocas de desfiladeros, creando para el viajero puntos reconocibles de llegada o salida de grandes dimensiones.

Las sala

La sala puede considerarse un espacio dependiente del espacio primario (la sala de exposiciones), por su luz, ventilación y vistas interiores. La unión de la sala con el espacio principal sigue un sistema de vinculación axial que consta de conexión, transición y culminación. Este sistema espacial es fundamental para el concepto de continuidad espacial positiva materializado en el espacio nodal del que salen los espacios dependientes. La sala es asimismo el lugar donde puede conseguirse un ambiente más específico, más focalizado e íntimo, para momentos de relax y descanso.

Ikaria

Patmos

Leros

Leipsoi

Arkoi

Fournoi

Karlóvasi

Didim

Club House Kaplankaya

Kusadasi

N

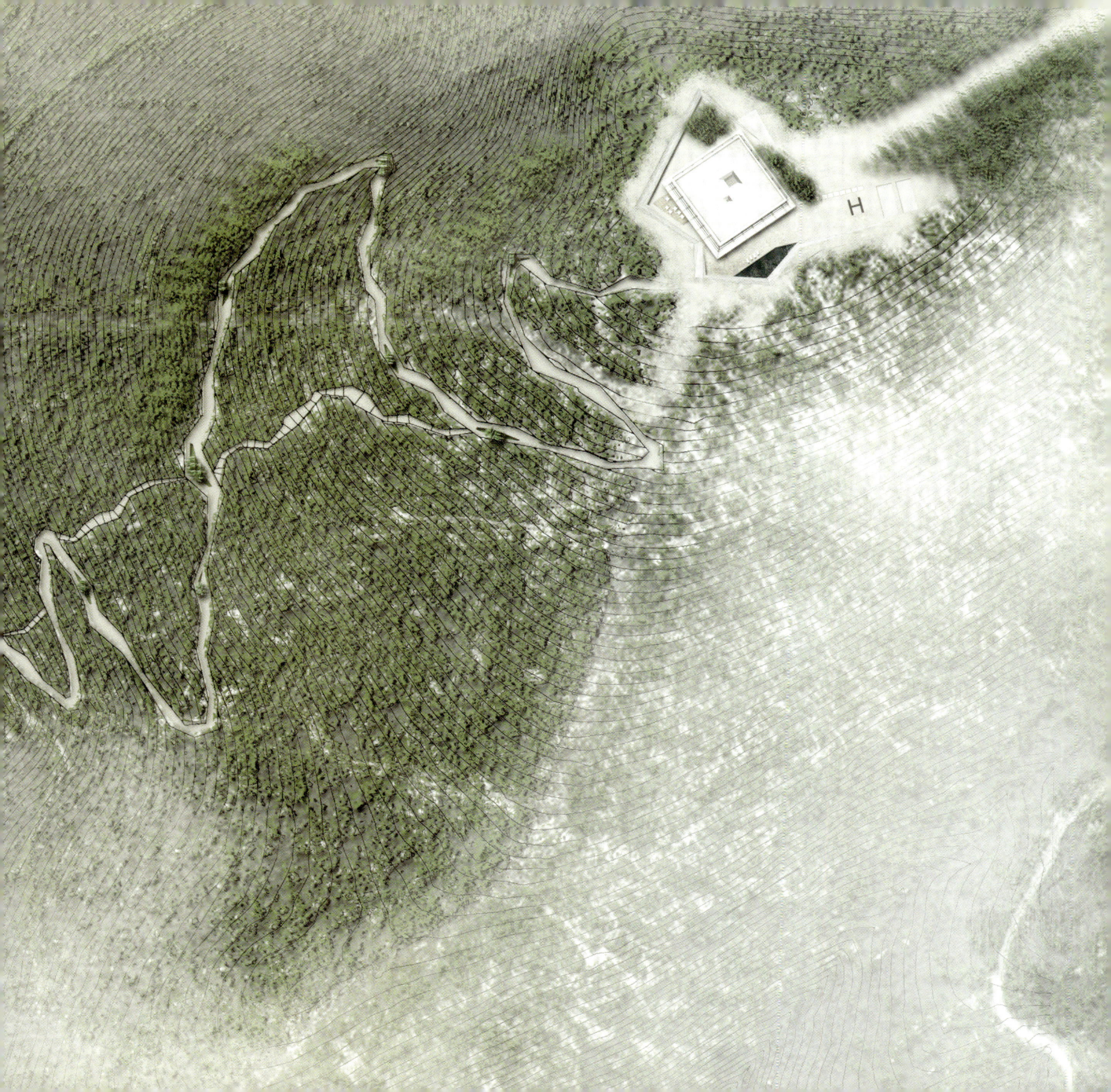

The site

OAB traveled to Kaplankaya back in 2007 for another project located very near the current site. Fortunately we had the opportunity to spend some time on the site located at the top of one of the hills. We had stopped there to see some wall mock-ups which were being built. We remember the views of the far away landscape. Being in such a special place one can perceive the Aegean in the distance, but at the same time one can't see the sea directly below the mountain because of the slope. So initially it seemed it might not be possible to have direct views to the future marina and near beach.

So, while analyzing the site for the new project, we started wondering if there could be a possibility that would allow us to achieve direct views to the future marina. But most importantly we always felt the need to detach the new building by introducing an intermediate level in between: the socle or plinth.

From the very beginning, we did an exhaustive study of preexistent topography. With both physical and computer models we were able to analyze the possible qualities and potential problems that one must prevent.

Our client submitted an exhaustive photography report that was used to assure better views and to familiarize with the site.

El emplazamiento

OAB trabajó en Kaplankaya en 2007 con otro proyecto situado muy cerca del emplazamiento actual. Afortunadamente, tuvimos la oportunidad de pasar algún tiempo en el lugar, que está situado en la cumbre de una de las colinas. La razón es que nos detuvimos para ver algunas maquetas de paredes que se estaban construyendo. Recordamos las vistas del paisaje lejano. En un lugar tan especial, puede percibirse el Egeo en la distancia, pero al mismo tiempo, debido a la inclinación, no puede verse el mar directamente debajo de la montaña, por lo que en principio parecía que no sería posible tener vistas directas del futuro puerto deportivo y la playa cercana.

Así, mientras examinábamos el emplazamiento para el nuevo proyecto, empezamos a preguntarnos si habría una posibilidad que nos permitiese conseguir vistas directas del futuro puerto deportivo, pero lo más importante es que siempre sentimos la necesidad de separar el nuevo edificio introduciendo un nivel intermedio en el mismo: el zócalo o basamento.

Desde el principio, realizamos un estudio exhaustivo de la topografía preexistente; tanto físicamente como con modelos computerizados, pudimos analizar las posibles ventajas y los problemas potenciales que debíamos evitar.

Nuestro cliente nos entregó un informe fotográfico exhaustivo que empleamos para conseguir mejores vistas y familiarizarnos con el emplazamiento.

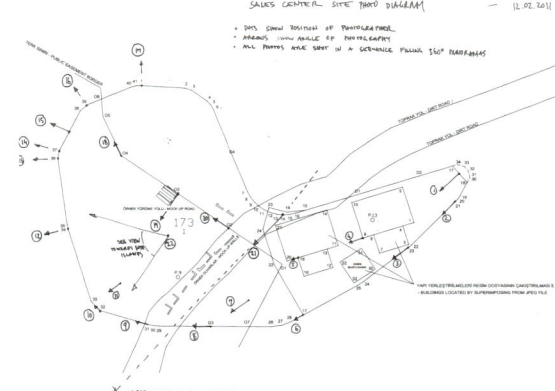

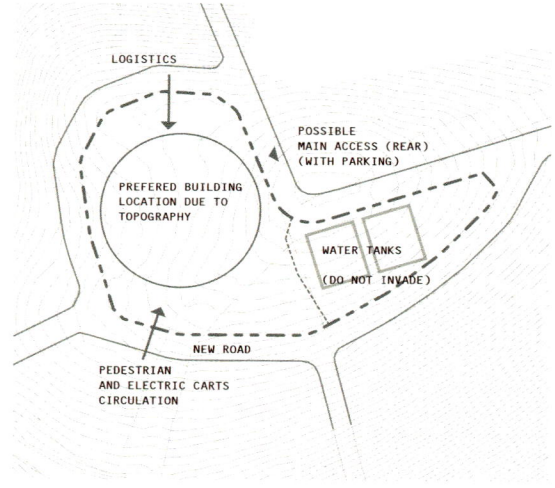

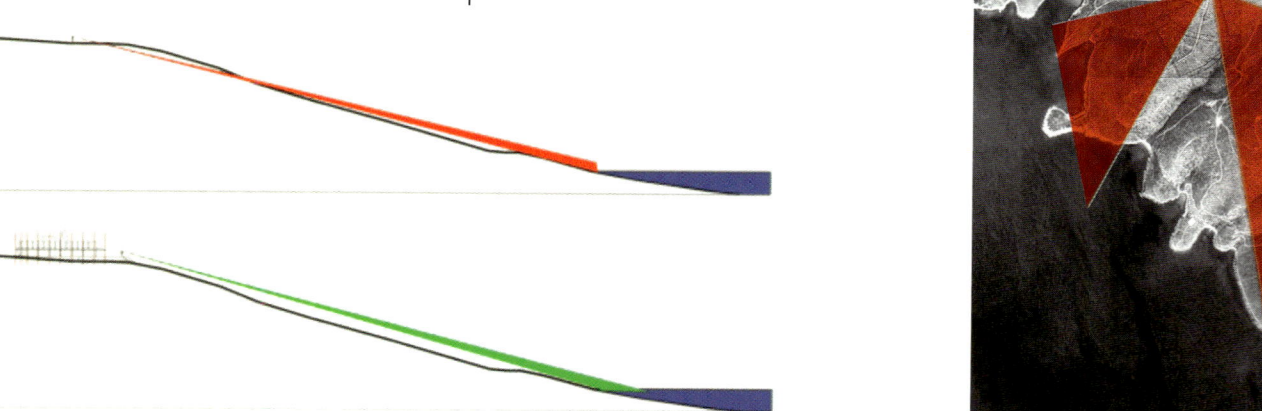

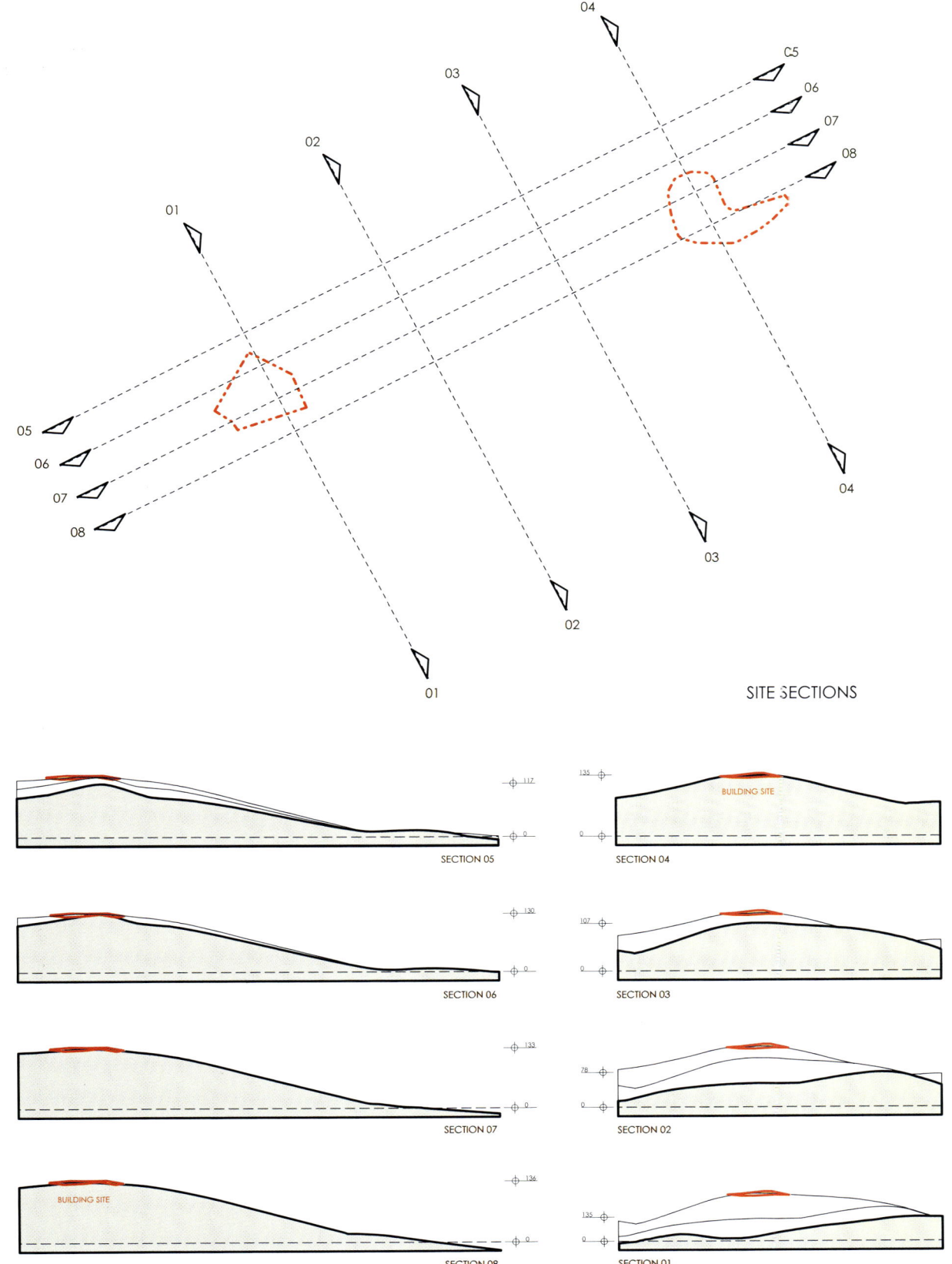

SITE SECTIONS

SECTION 05

SECTION 04
BUILDING SITE

SECTION 06

SECTION 03

SECTION 07

SECTION 02

SECTION 08
BUILDING SITE

SECTION 01

The Concept of layering
El concepto de capas

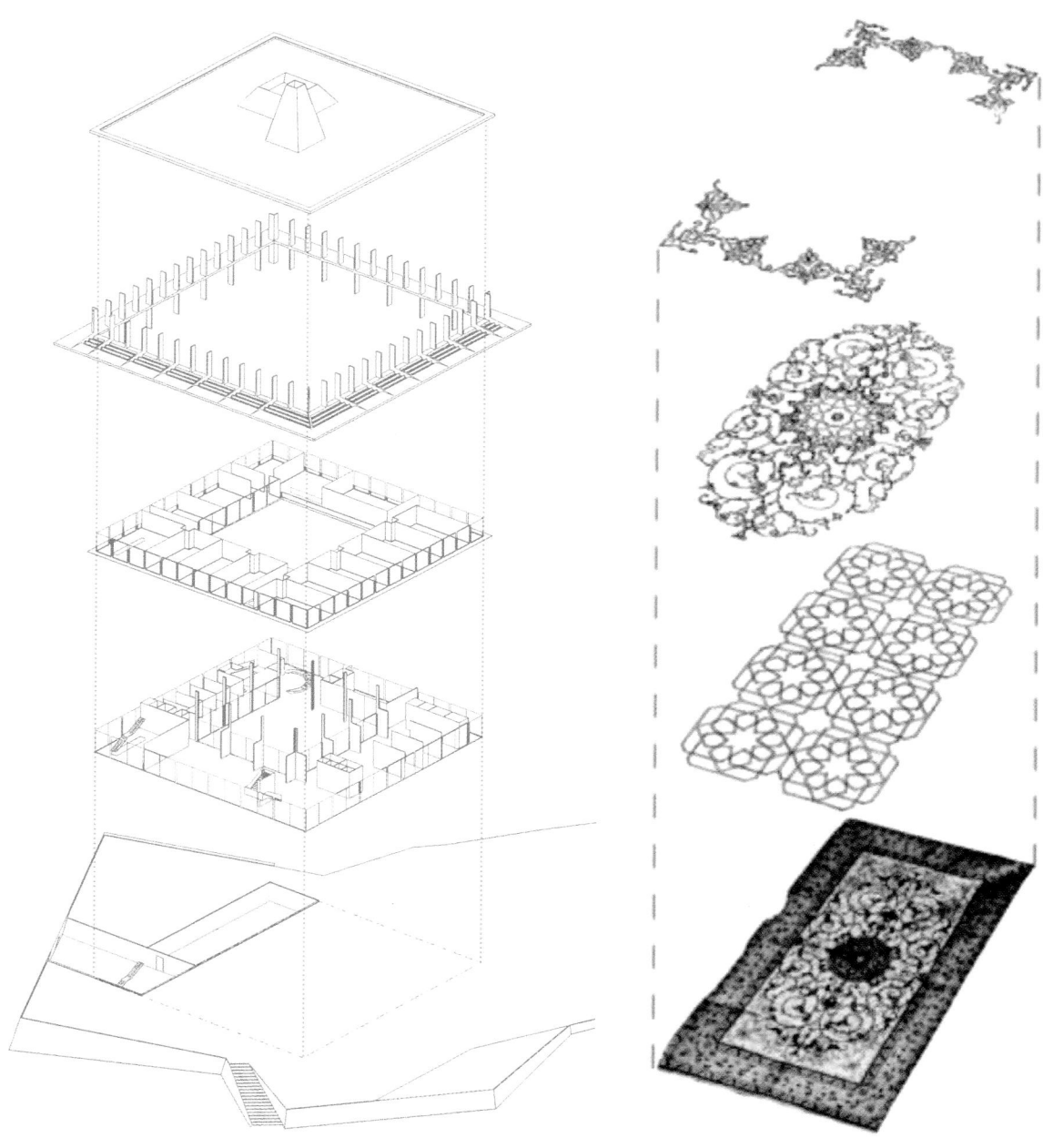

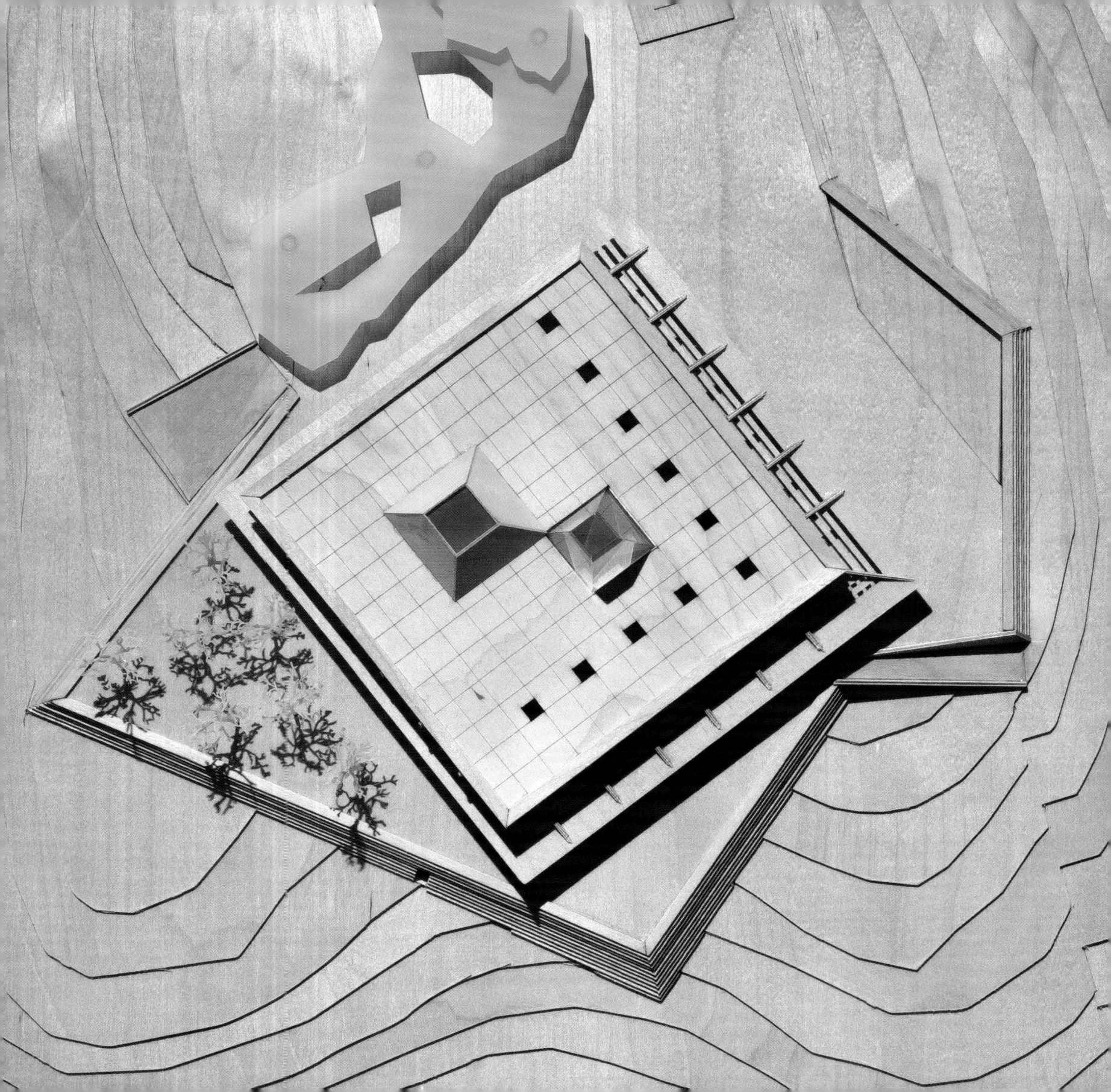

Architectural Model made in collaboration with Ben Krone and his Gradient Design Studio in New York during the spring semester of 2011 in which Borja Ferrater was visiting assistant professor at Pratt Institute.

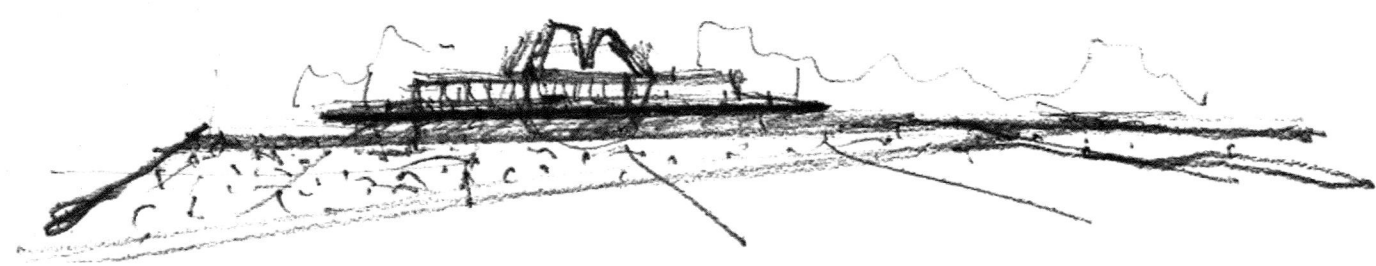

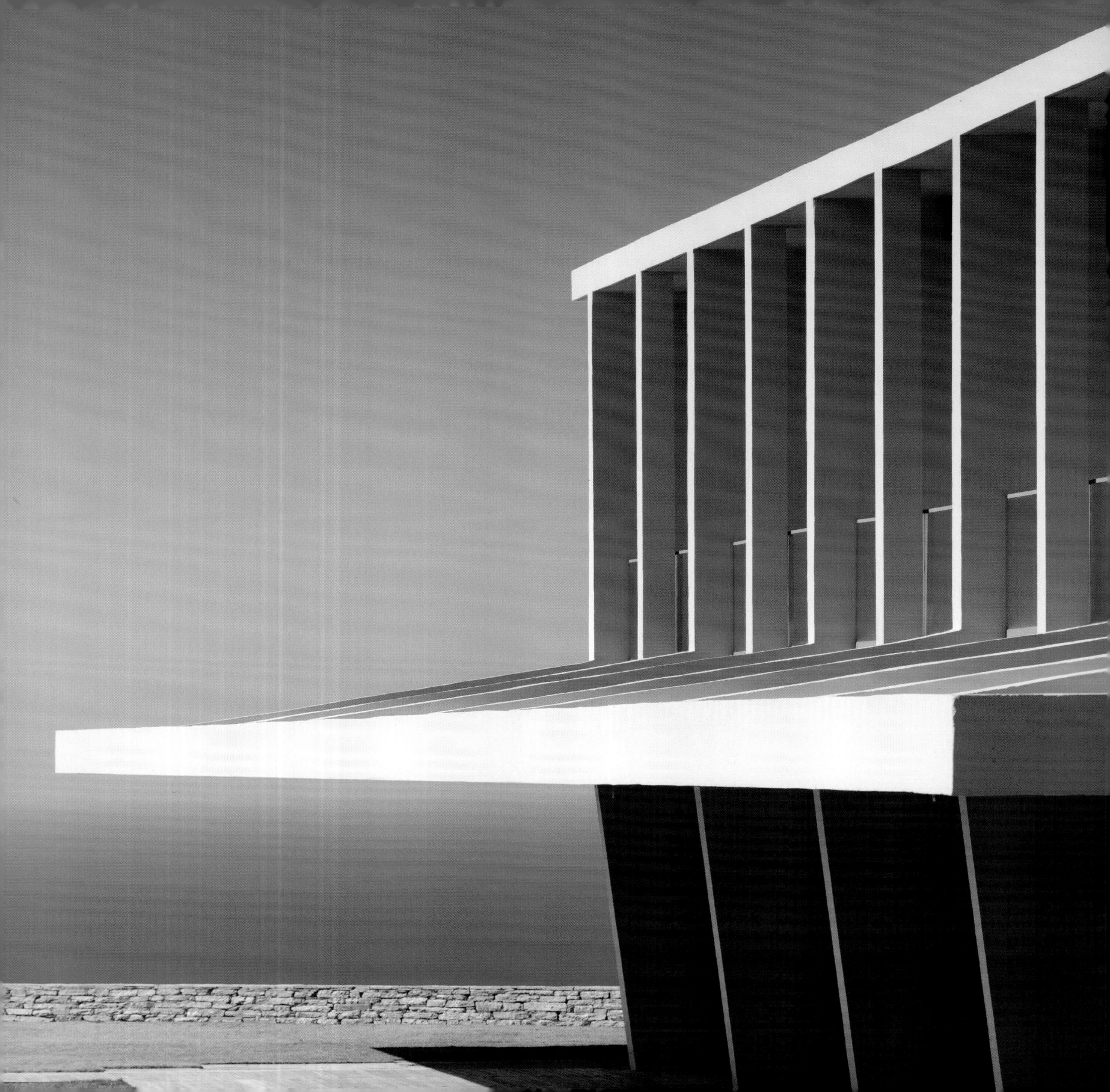

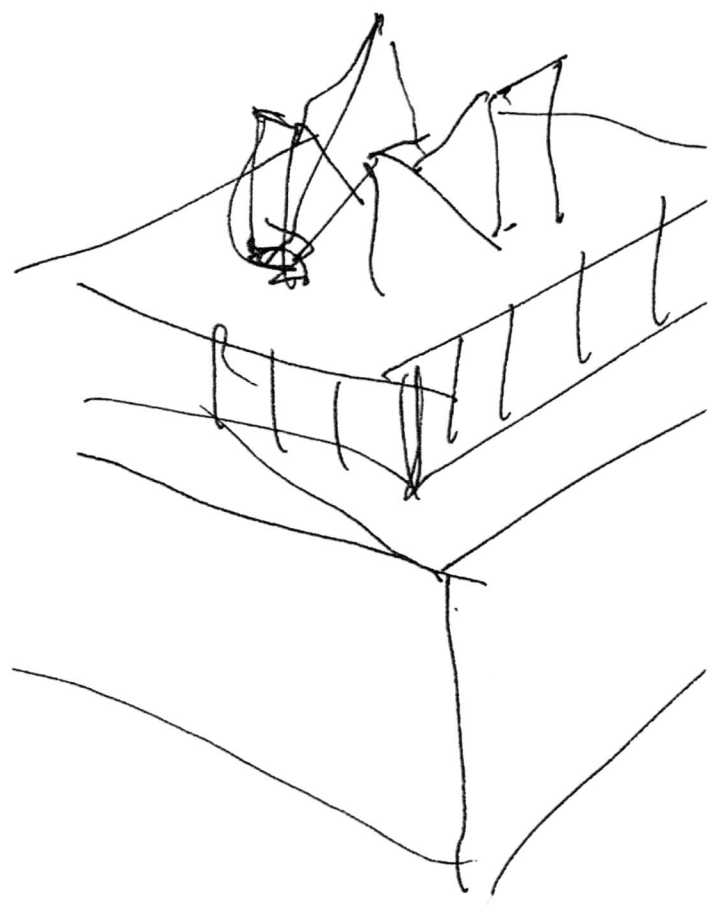

A great building must begin with the unmeasurable, must go through measurable means when it is being designed and in the end must be unmeasurable.

Louis Kahn

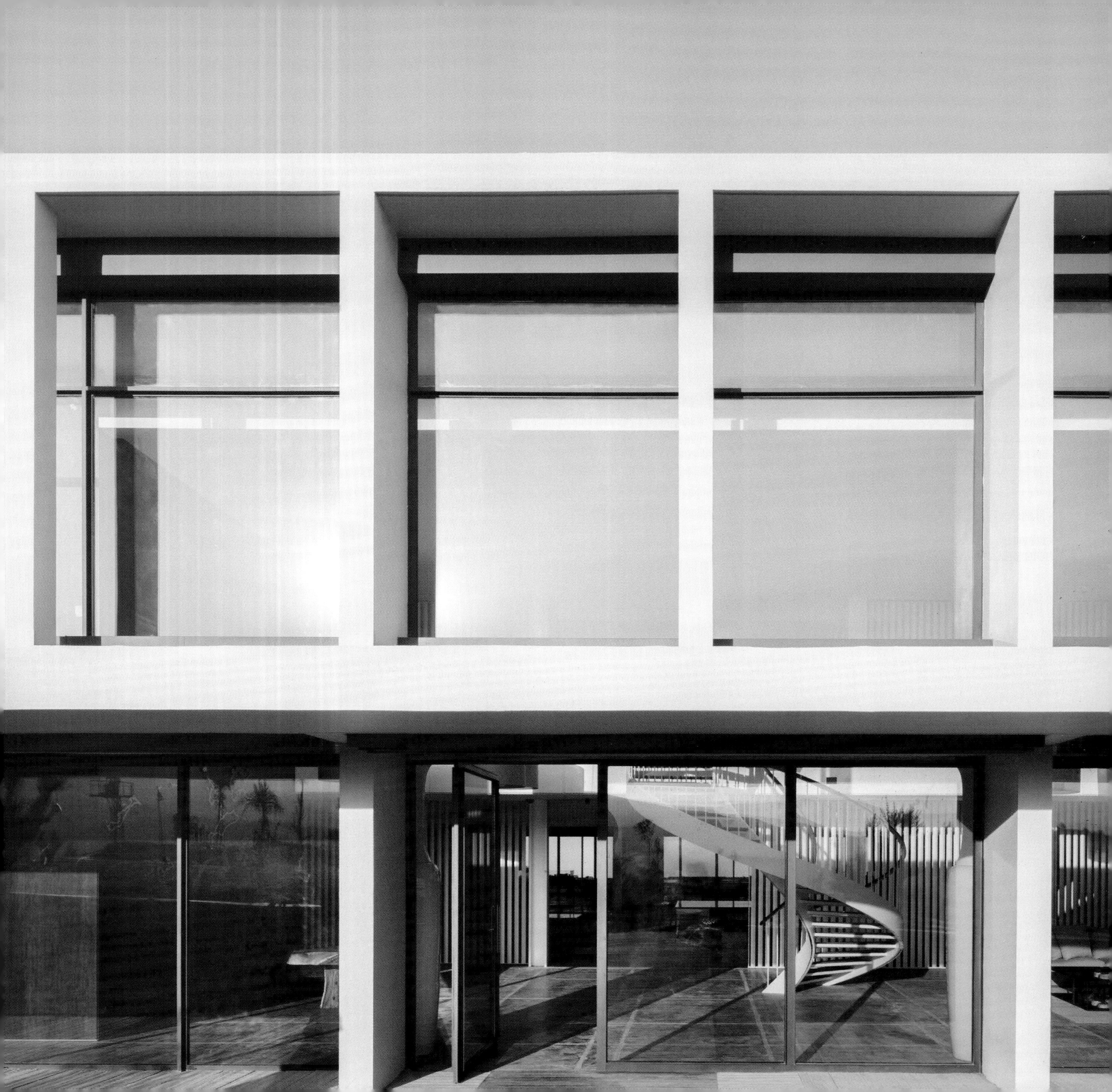

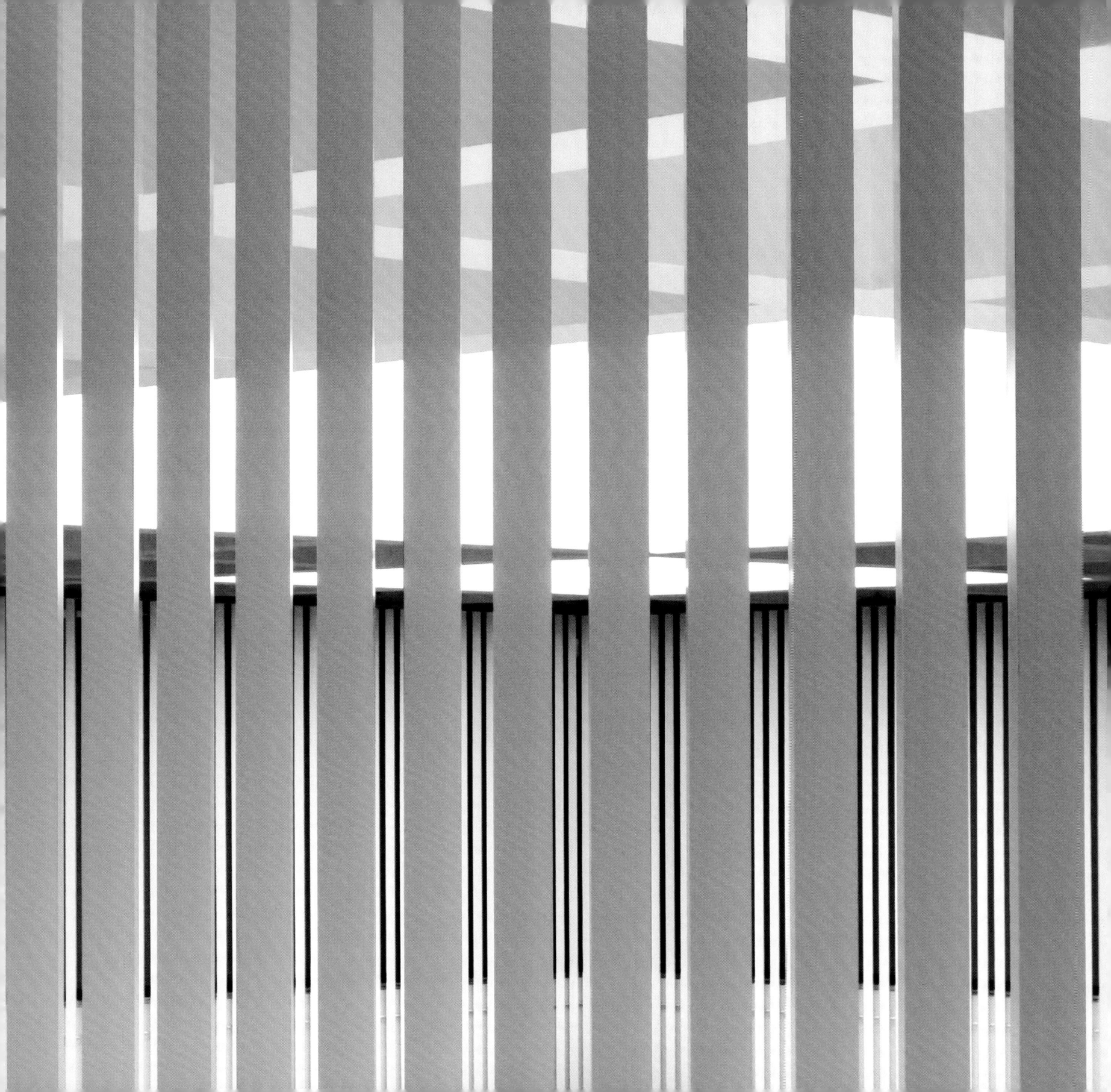

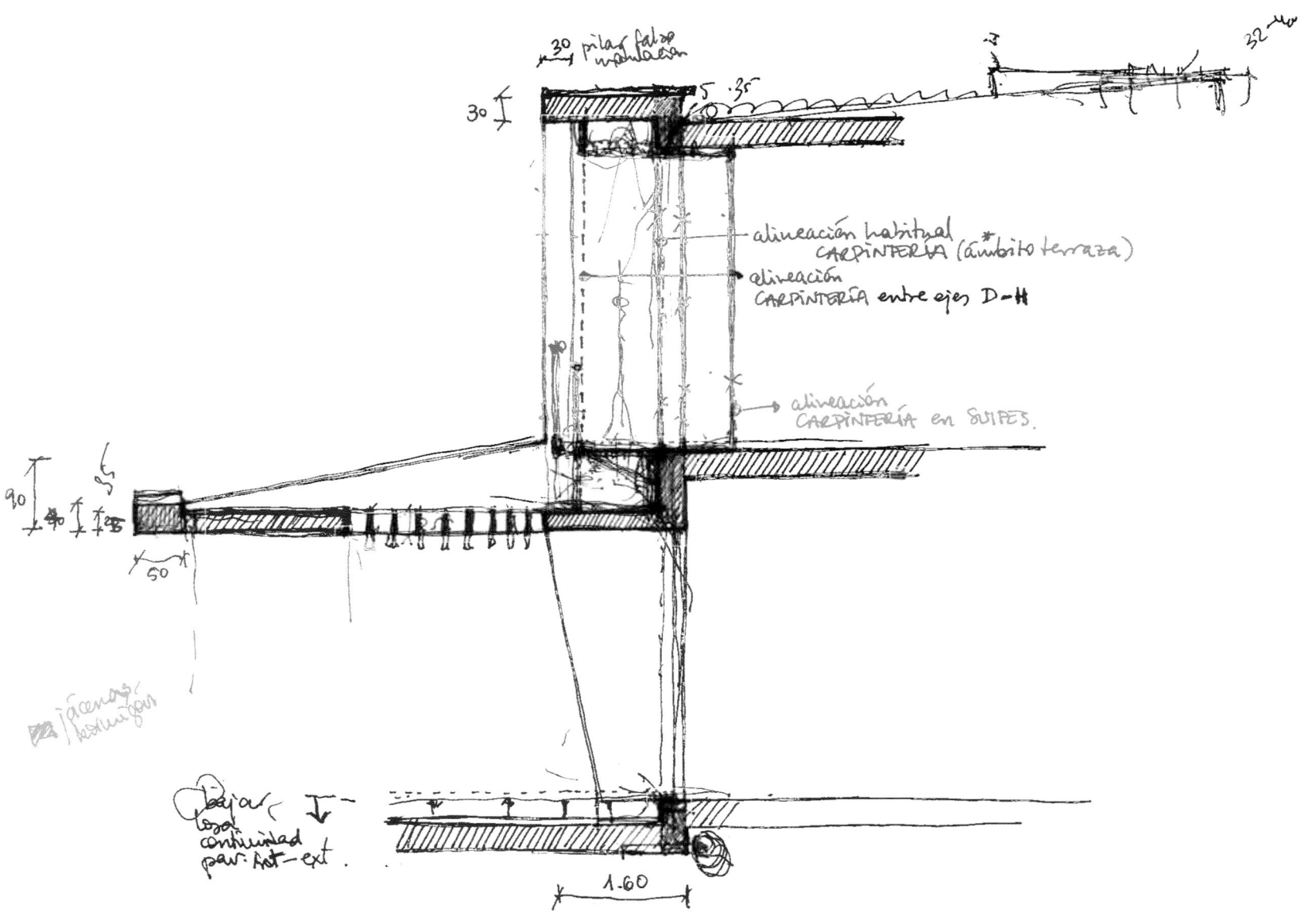

30 pilar falso
modulación

32 Mu

30

5 35

alineación habitual
CARPINTERÍA (ámbito terraza)

alineación
CARPINTERÍA entre ejes D-H

alineación
CARPINTERÍA en SUITES.

90
40
25

50

jácenas/
hormigón

bajar
losa
continuidad
pav. int-ext.

1.60

94

Milky way, 8 July 2013

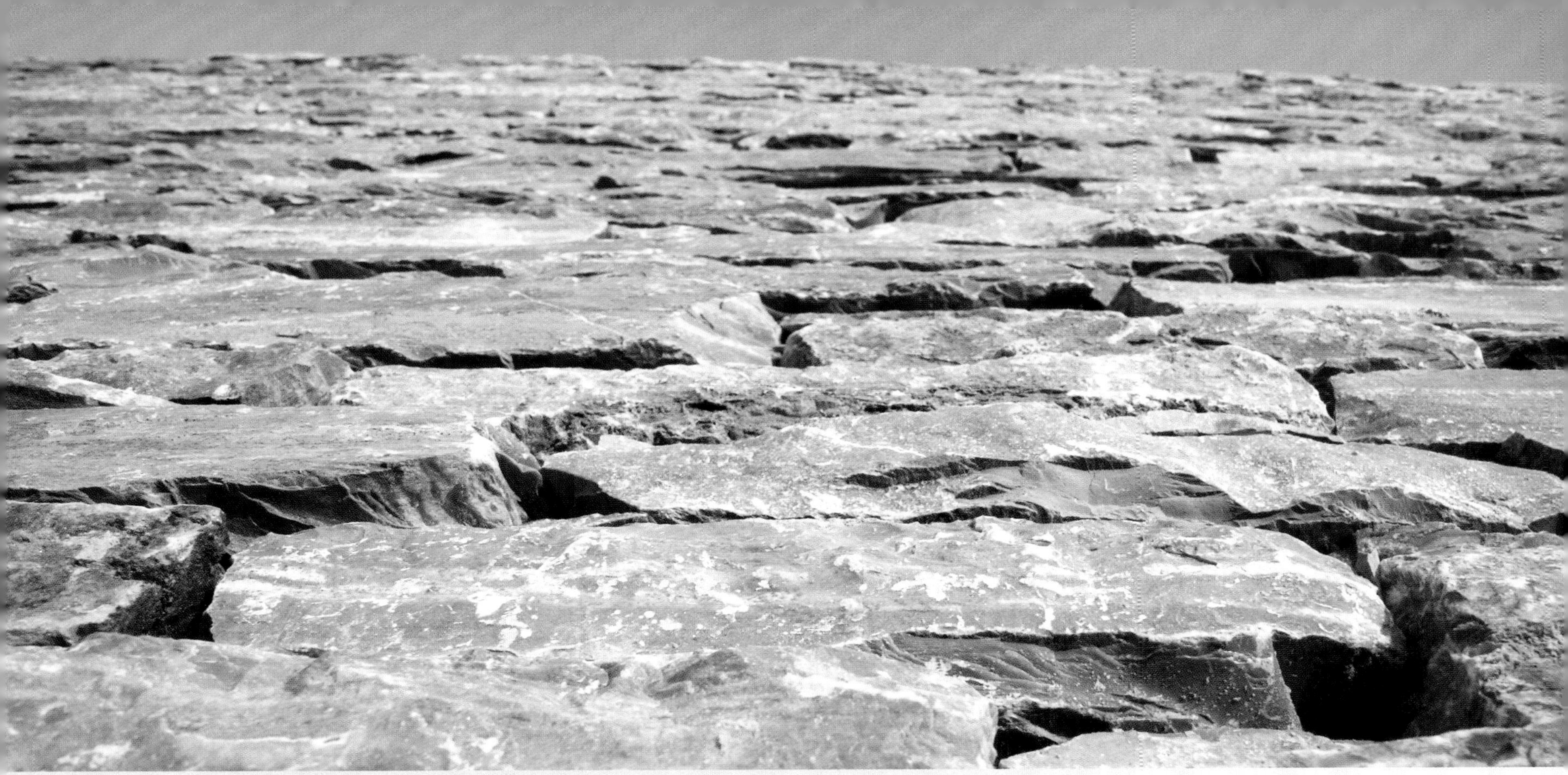

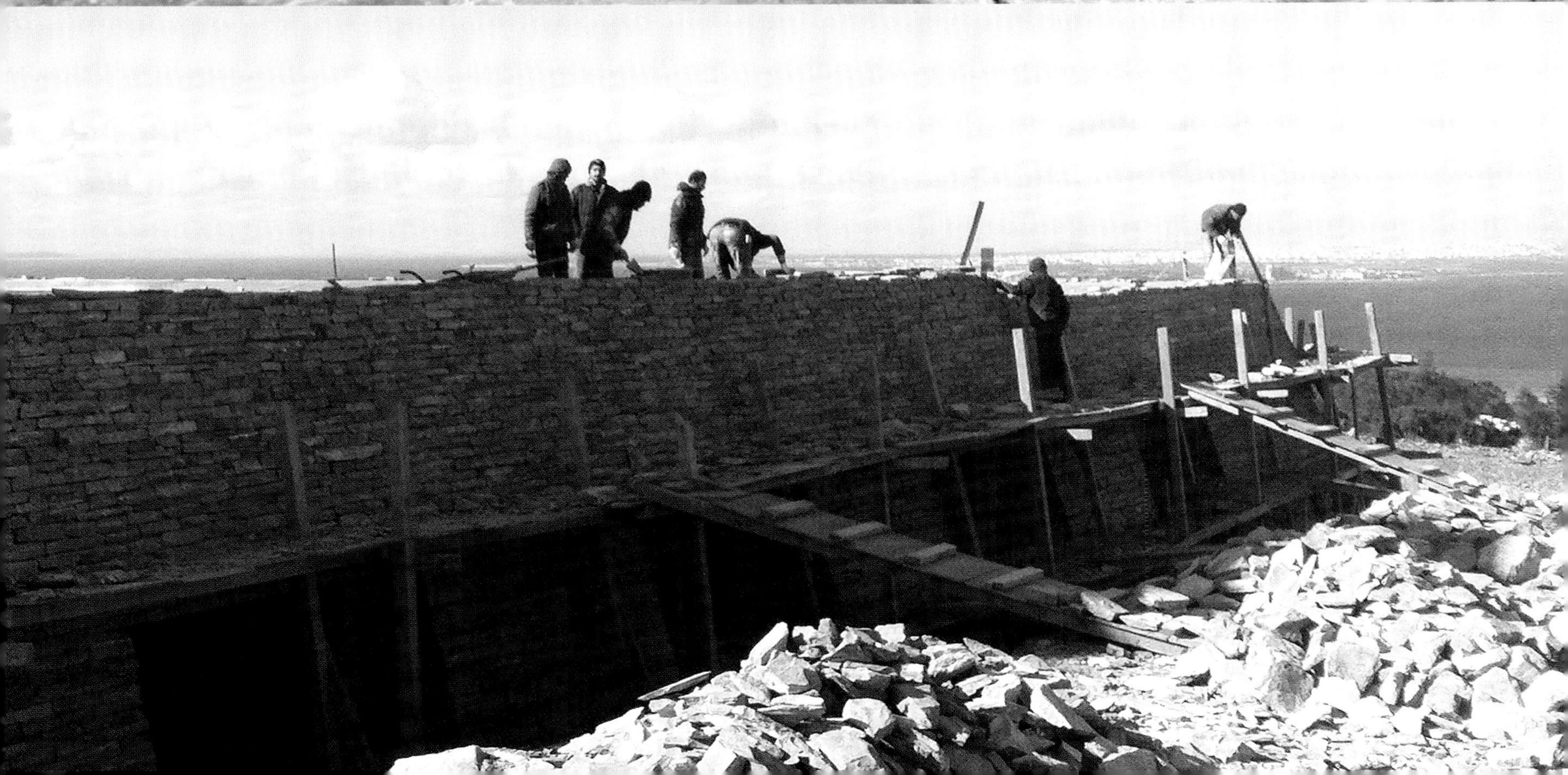

0 1 2   5   10

Cross sections

Secciones transversales

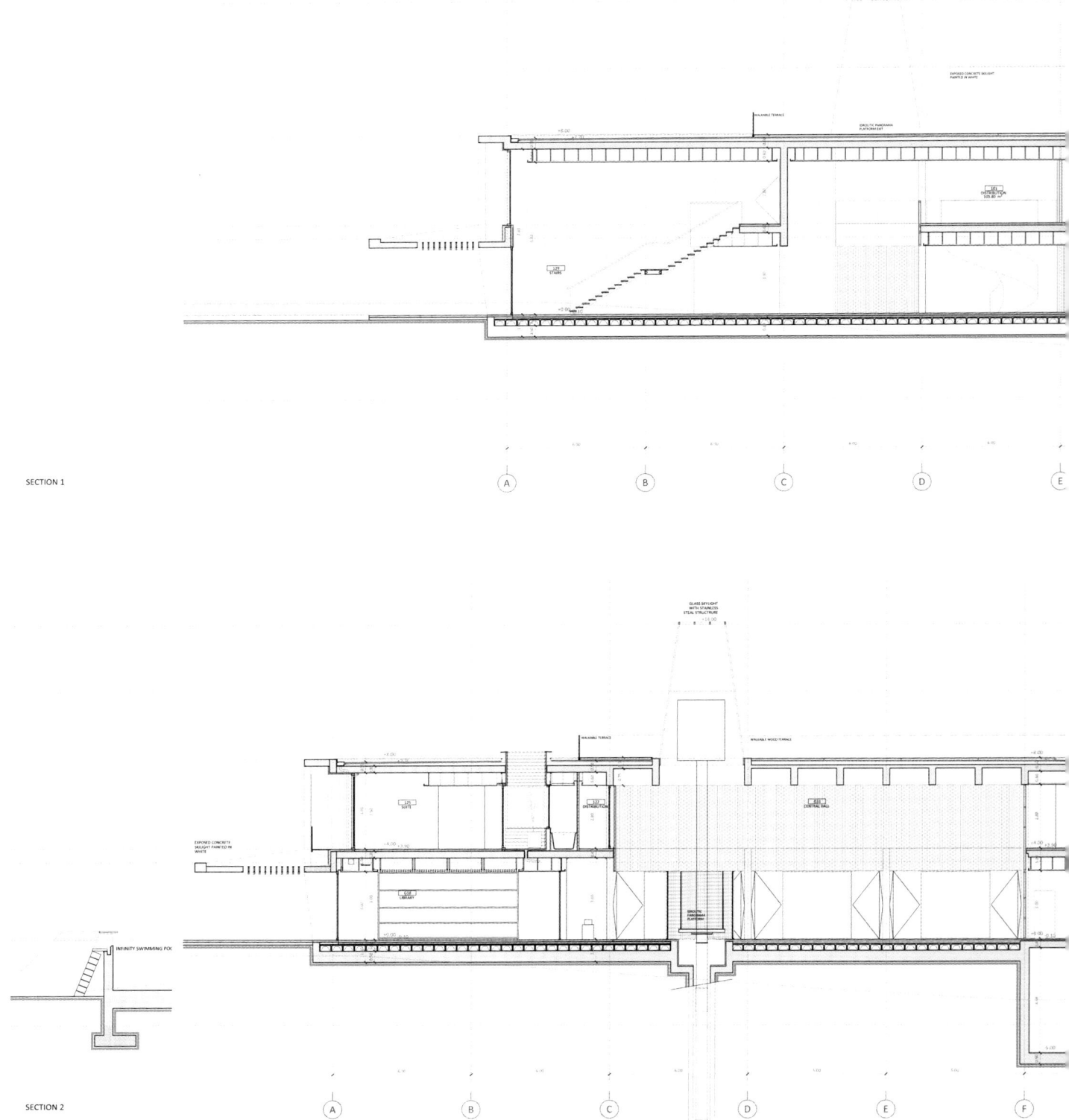

SECTION 1

SECTION 2

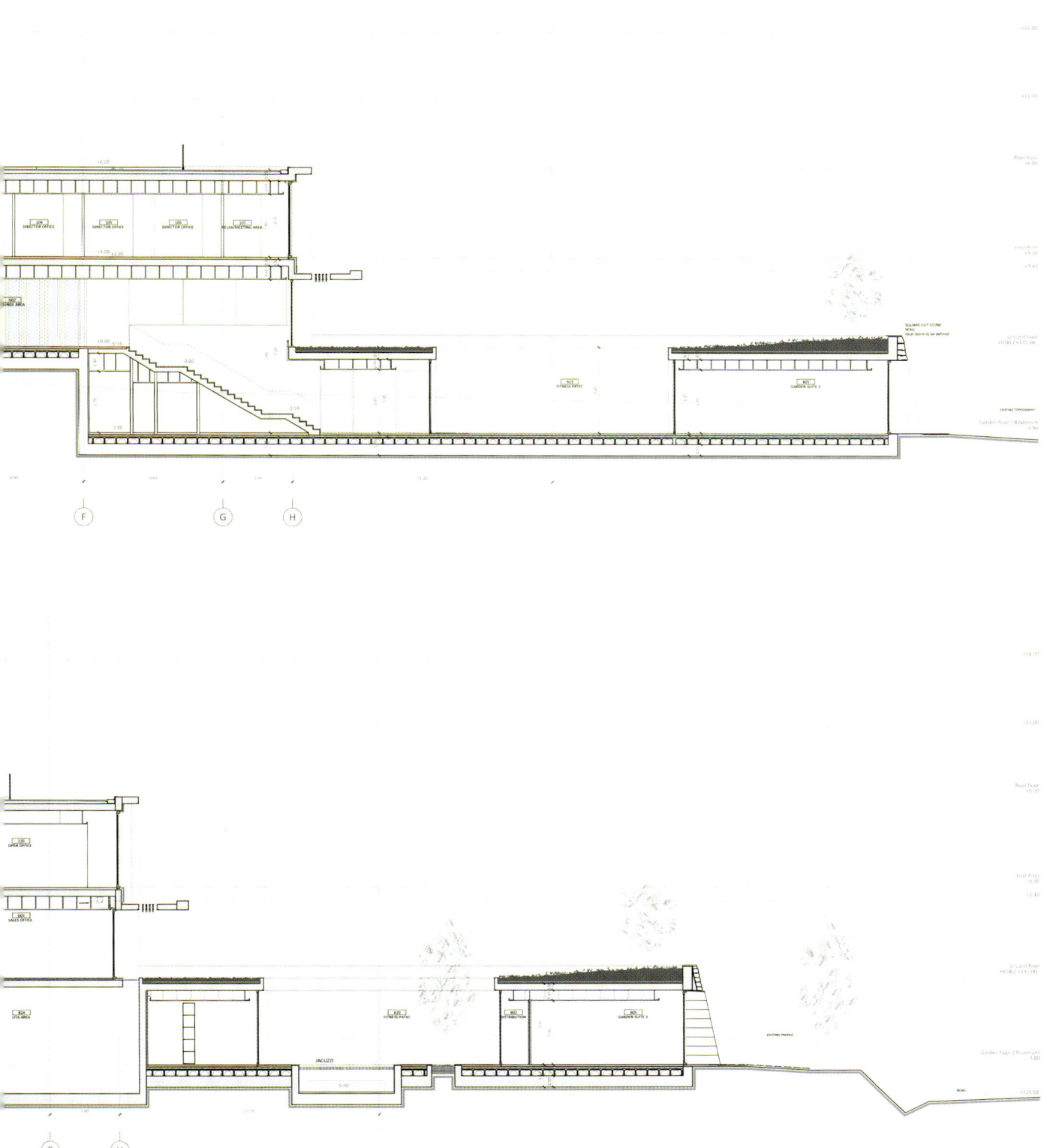

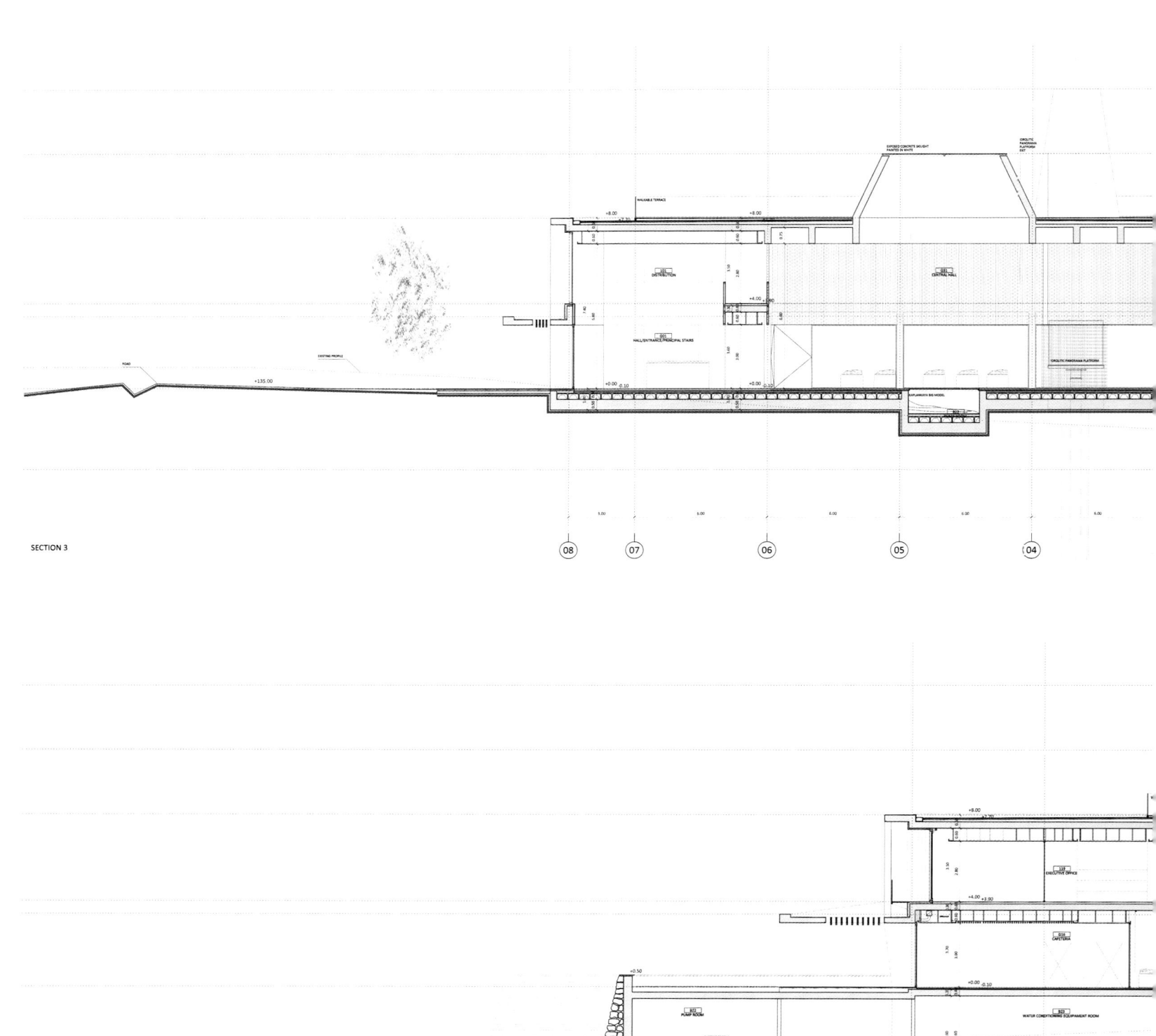

SECTION 3

○08 ○07 ○06 ○05 ○04

SECTION 4

○01 ○02

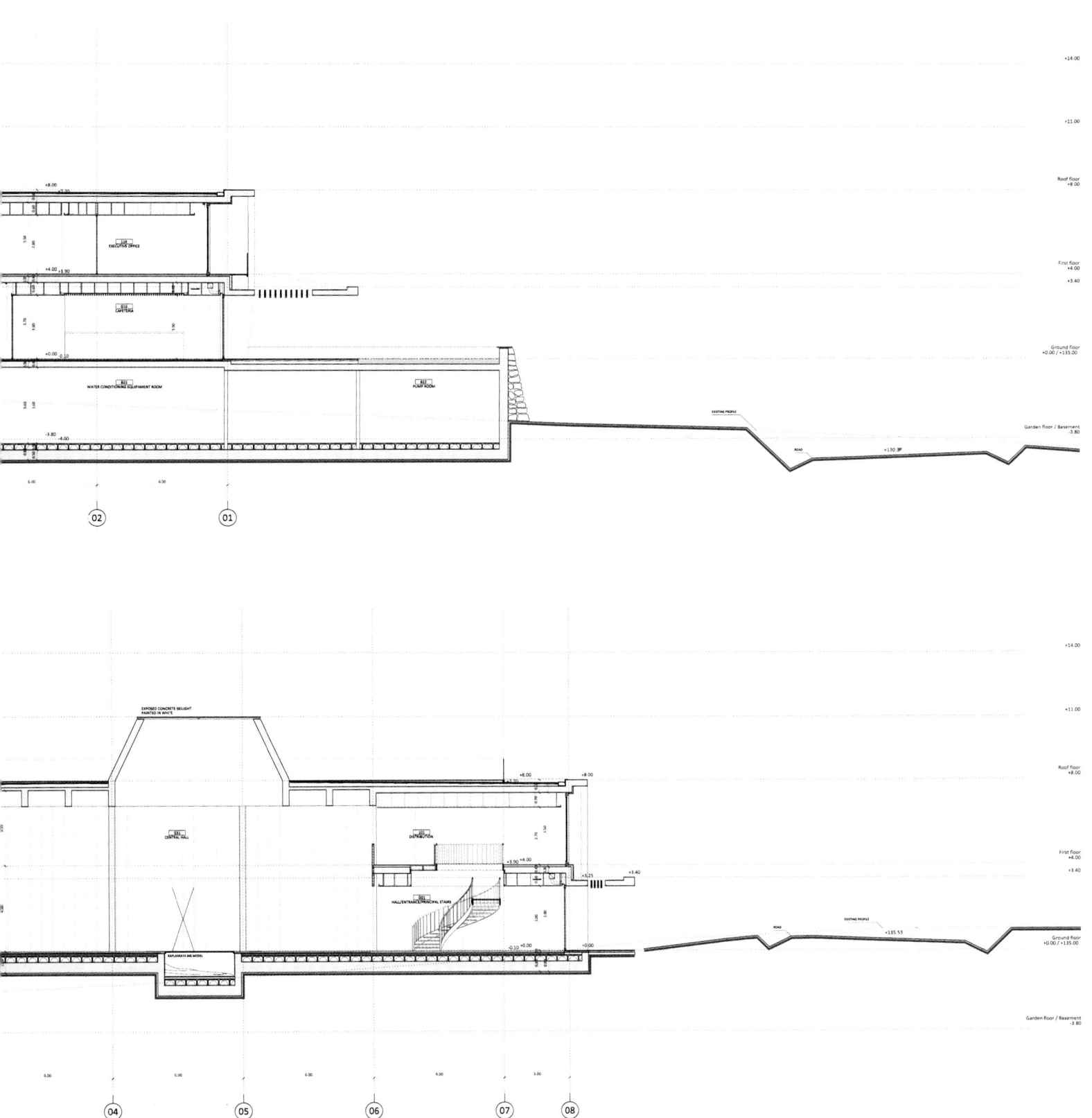

+14.00

+11.00

Roof floor
+8.00

+8.00

+7.30

EXECUTIVE OFFICE

First floor
+4.00

+4.00   +3.90

+3.40

CAFETERIA

Ground floor
+0.00 / +135.00

+0.00   -0.10

WATER CONDITIONING EQUIPAMENT ROOM

PUMP ROOM

EXISTING PROFILE

Garden floor / Basement
-3.80

-3.80   -4.00

ROAD

+130.3F

6.00   6.30

02   01

+14.00

+11.00

EXPOSED CONCRETE SKYLIGHT
PAINTED IN WHITE

Roof floor
+8.00

+8.00   +8.00

First floor
+4.00

CENTRAL HALL

DISTRIBUTION

+3.90   +4.00

+3.40

+3.25   +3.40

HALL/ENTRANCE/PRINCIPAL STAIRS

Ground floor
+0.00 / +135.00

ROAD

EXISTING PROFILE

+135.53

-0.10   +0.00

+0.00

KAPLANKAYA B/6 MODEL

Garden floor / Basement
-3.80

6.00   6.00   6.00   6.00   5.00

04   05   06   07   08

113

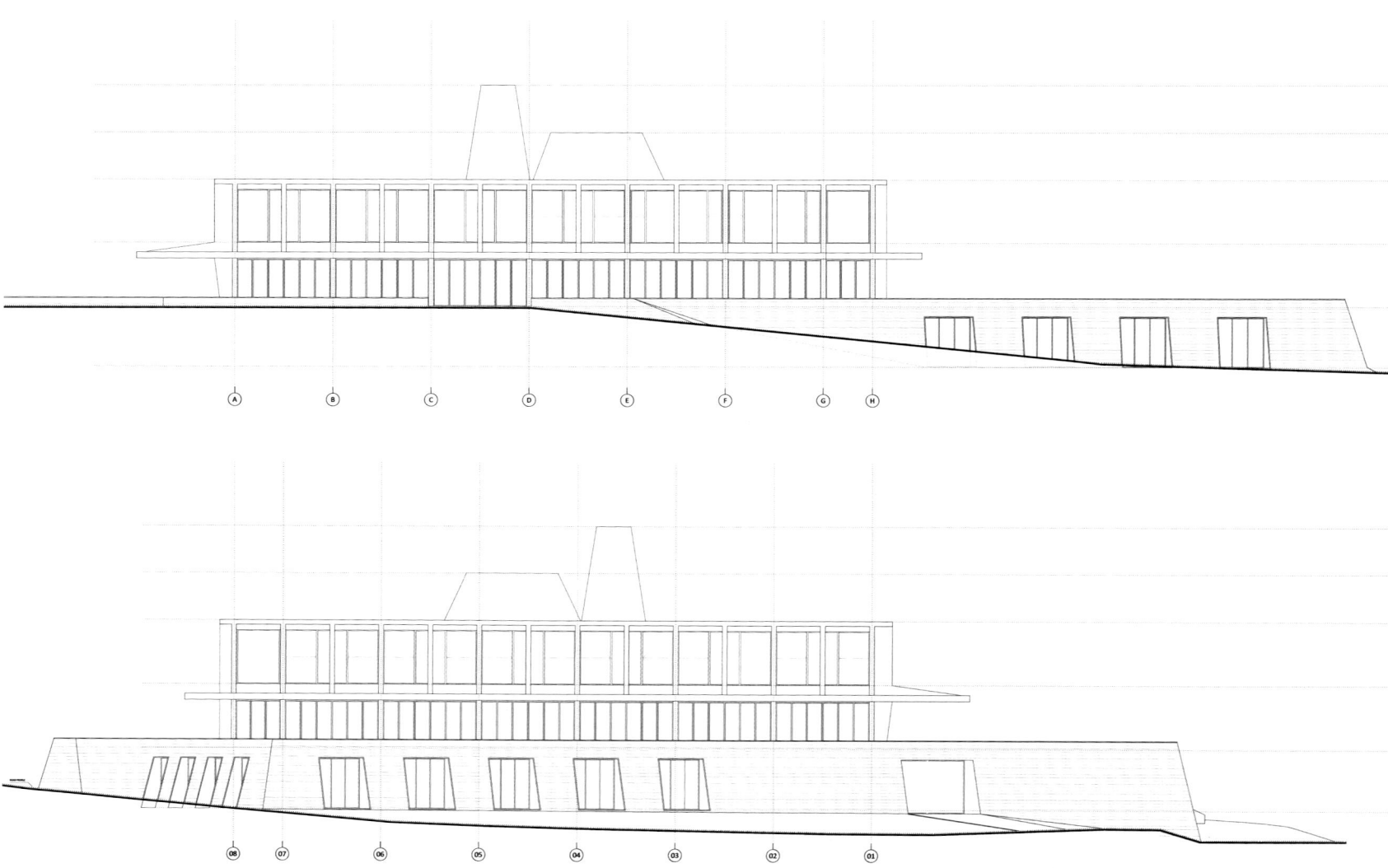

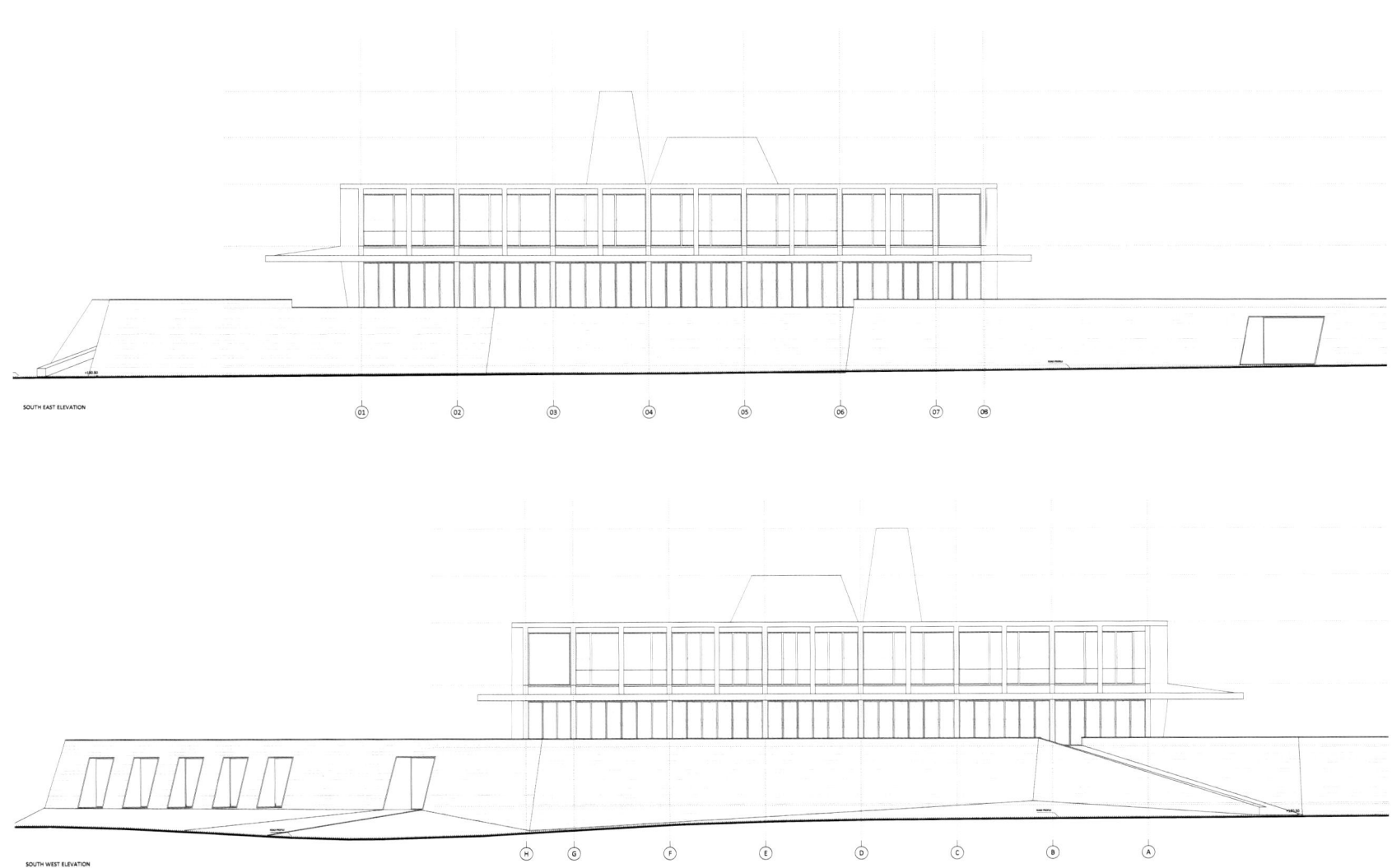

SOUTH EAST ELEVATION

| | | | | | | | |
|01|02|03|04|05|06|07|08|

SOUTH WEST ELEVATION

| | | | | | | | |
|H|G|F|E|D|C|B|A|

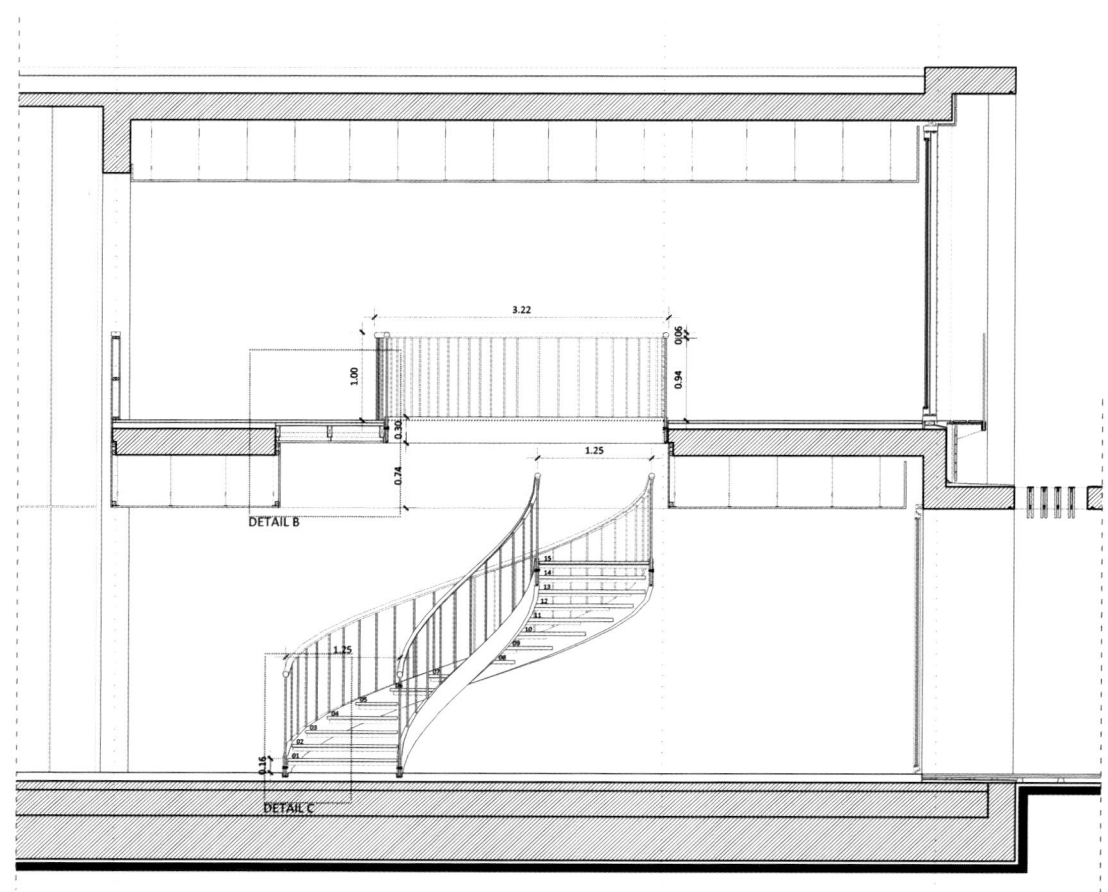

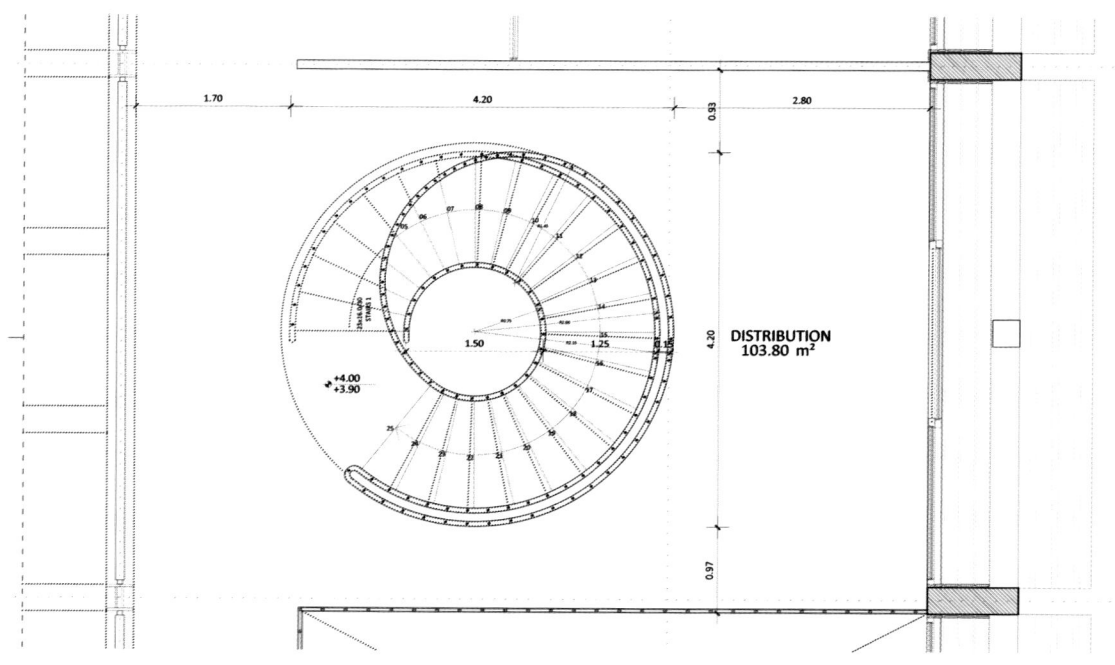

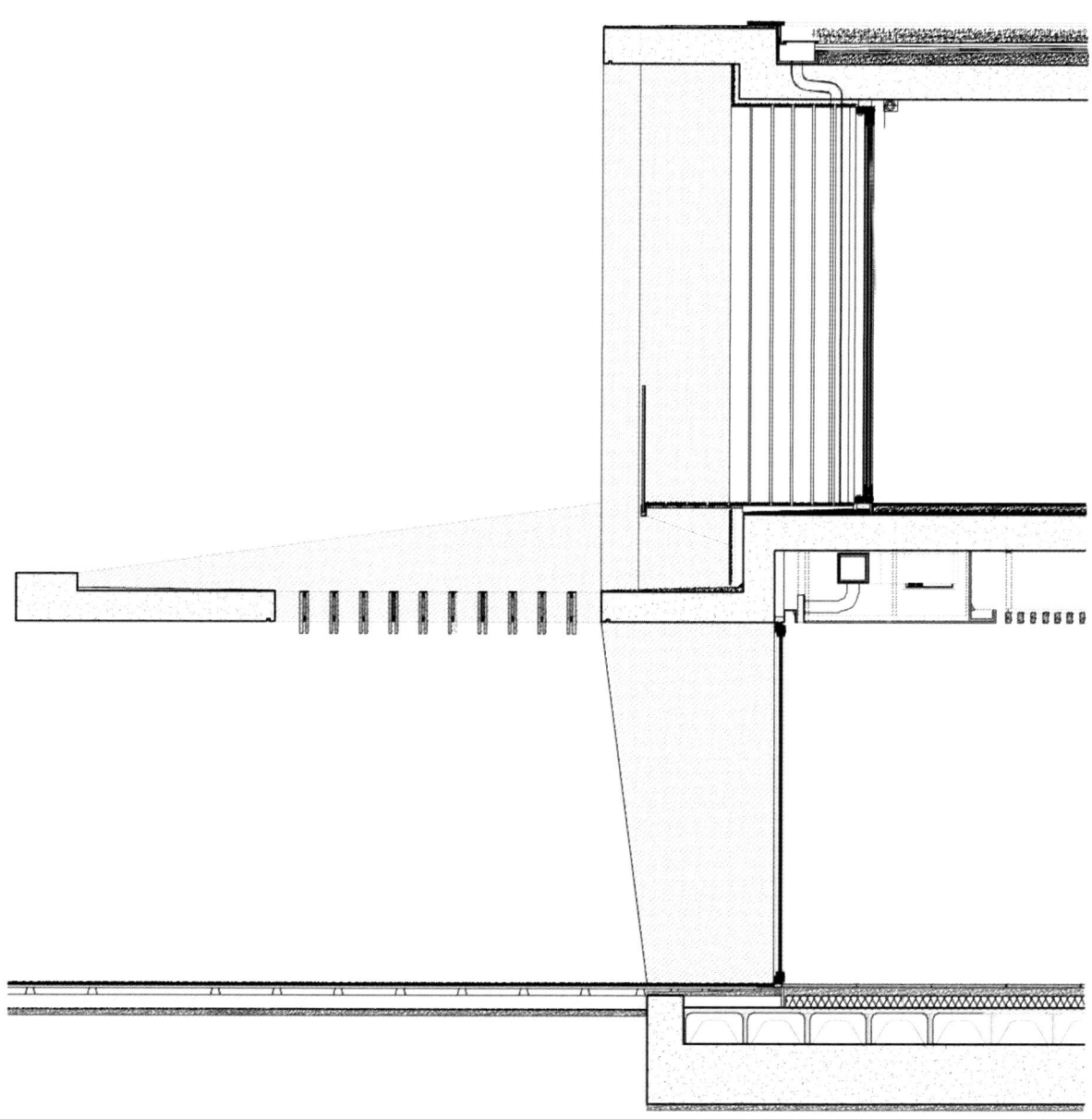

Publication

Kaplankaya Clubhouse
Editorial Project and Copyright © 2015

By Architect Publications S.L.
Gorina i Pujol, 98 Bis 1°
08203 Sabadell
Barcelona

Publisher
Marti Berrio

Editor
Joan Guillamat

Photography
Joan Guillamat
102-107: Borja Ferrater

Translation
Ibidem Group

Graphic documentation
OAB

ISBN 978-84-941915-5-8
DL B-1512-2015

Project

Property
Capital Partners (CP)

CP Design and Project Management Team
Yalin Gur, Ahmet Balkan, Ali Ersina, Todd Hutton, Gokmen Kasimogullari.

Authors
Carlos & Borja Ferrater (OAB)

Project Director
Núria Ayala (OAB)

Architecture Team
Ignasi Gutiérrez & Elena Giugni (OAB)

Structure Engineering
Juan Calvo & Lucía López de Aisiaín (PONDIO)
Zafer Kinaci (KINACI MÜH. LTD)

Local Architecture assistance
Izzet Fikirlier (SFMM)

M.E.P. Engineering
Mehmet Okutan (OKUTAN MÜHENDISLIK)
Yurdakul

Interior Design Collaboration
Carla Navas (GCA)
Birgit Eschenlor (ODB)

Landscape Collaboration
Belemir Dalokay

Photographer
Joan Guillamat

Construction Company
YDA

Special Thanks
Serkan Topukcu, Cem Celik